新潮文庫

ぼくは痴漢じゃない！

—冤罪事件643日の記録—

鈴木健夫著

新潮社版

7468

目次

第二部 升味弁護士による解説

はじめに

「ひどい目」という言葉があります。

「ひどい」……非道の形容詞形①むごい。残酷である。②一般に、程度がはなはだしい。極端である。特に、好ましくない物事についていう。

「目」……目に見る姿、様子の意から転じて、その者が出会う、自身の有様、境地、境遇。体験。

辞書を眺め、私は改めて「ひどい目」にあったのだと思っています。同じような体験でも、生まれ落ちた境遇で感じ方の違いはあるでしょう。世界にはもっともっと多くの、それこそ生死がかかった、ひどい状態があるのも分かっているつもりです。それらに比べれば、私の体験など取るに足らない擦り傷程度のものかもしれません。しかし、それまでの私の人生から照らして、この体験はあまりに理不尽で、納得のいかないものでした。

今、この本を手にしている皆さんが、明日「ひどい目」にあっても、なんら不思議はないというのが日本の大都市の現状です。もし、痴漢に間違えられたら、今までの人生は確実に終わってしまいます。私の体験は全く他人事《ひとごと》ではないのです。

痴漢の摘発はこの数年で急増しており、特に、平成七年から八年では倍増、平成八年と九年の比較では、二四〇件（約二五パーセント）増と警察の「痴漢追放キャンペーン」は成果を上げています。それは同時に、痴漢に間違えられてしまった人、いわゆる「冤罪《えんざい》被害者」も増えていることを示しています。警視庁でも数パーセントの誤認逮捕があることは認めています。「犯罪撲滅のために、多少の犠牲はやむを得ない」とでも言うつもりでしょうか。

私は、駅のホームで痴漢に間違えられました。駅事務室から、そのまま警察へ連れて行かれ、最初から犯人と決めつけたひどい取調べを受け、一三日間身柄を拘束されました。

そして、それがきっかけとなって職を失いました。会社の対応は本当にひどいものでした。それまで私はサラリーマンは気楽な商売と思っていましたが、その地位はとても不安定でもろいものでした。

さらに、無罪判決を勝ち取るために二年の歳月と裁判費用を失いました。負けた方が負担する裁判費用は、実費には程遠い金額だった上、係争中の二年間に稼いだはずの収入に対する保障も無いのです。

この体験を書くにあたって、そういった当時の出来事や自分の心境を思い出すために、いろいろな資料に目を通しました。その過程で、いくつかの記憶違いがあったことに気がつきました。激昂《げっこう》した場面や興味をひかれた場面では、空気感やディテールは鮮明なのに日時の逆転や欠落があったり、また、ある場面では、日時は正確に覚えているのに内容はさっぱり思い出せなかったりという具合です。

この「手記」では、当時、私が肌で感じたことをできるだけ忠実に伝えるために、あえて私の記憶を優先させています。そうすることによって、あいまいな記憶だけをめぐって進んでいく、警察・検察の取調べや裁判というものの恐《こわ》さ、法律の知識のない平凡なサラリーマンが、その網目にすっぽりはまってしまう恐さを感じていただければと思います。

その一方で、この「手記」から、私を「ひどい目」にあわせた連中への意趣返しの念も感じて欲しいというのが本心です。

第二部の升味《ますみ》弁護士の「解説」では、実際に痴漢に間違われたときの対処法から、逮捕後の社会的な不利益をいかに回避するかということまで、弁護士の観点からこの事件を振り返っています。また第三部では、第一審、控訴審《こうそしん》の判決文を採録しています。

それらと「手記」を併せて読むことによって、日本の刑事裁判制度の問題と密接に関わり合っている痴漢冤罪事件の本質が見えてくるのではないでしょうか。

なお、本書が単行本として刊行された後、東京都迷惑防止条例は改正されました。痴漢行為は、罰金の上限が一〇倍の五〇万円に引き上げられ、上限六ヵ月の懲役刑もあります。今は、単に「五万円」の事件ではなくなっています。この点、ご注意ください。

ぼくは痴漢じゃない！

―冤罪事件643日の記録―

第一部　鈴木健夫による手記

通勤電車

　平成一〇年一〇月一六日、金曜。少し遅く起きた。七時一五分頃だった。反射的に、今日は遅刻できないぞ、と思った。昨夜、一日出張の帰りの電車で、上司の田村課長と将来の展望をさんざん話し合った翌日に遅刻では、あまりに格好がつかない。それに昨日の会議のために用意して使わなかった書類を、田村課長から預かっていた。埼玉の白岡《しらおか》にある菓子問屋三山の北関東支店に見積の提出もある。多分、直帰になるからジムに行こう、そう決めてナイキのシューズと着替えを用意し、書類と一緒に伊勢丹のビニール袋に入れた。

　ジム通いは不定期ながら三年以上続いている。平日は会社の近所、休日は地元の体育館でトレーニングをしていた。サラリーマンは体力勝負だし、趣味のバスケット、腰痛予防、体型維持等、理由は色々。明後日《あさって》の日曜には実家のある新潟市の市民大会で、高校時代の仲間と久しぶりにバスケットの試合をする約束であった。そのための調整でもあった。

　出がけに持った荷物は鞄《かばん》、書類と着替え・シューズの入ったビニール袋と結構な量になった。しかも夕方から雨の予報。妻から大きな傘を持っていくように促された。自転車で調布《ちょうふ》駅へ向かう。駅前の時計塔が八時五分をさしていた。もう少し早いと子供たちと一緒に乗るのだが、今日は出遅れてしまった。ホームの階段を上ると、三番線から電車が出発するのが見えた。普段はホームの売店で日経新聞を買うのだが、この荷物だし白岡に行く電車に乗るときにしようと思い、ホーム中程へ進む。時刻表のあたりで待っていると、橋本からの電車が入線してきた。いつもすごく混んでいて、乗ると必ず不愉快な思いをするので見送る。

　二分程の間隔で次の新宿行きの電車が到着する。車中の暇つぶしにと思い、バスケットのフォーメーションを書き付けたノートを取り出し、乗車準備完了。臨時で引き受けた女子チームのコーチングがうまくいき、先週、正式にコーチを拝命し、非常にはりきっていた。

　ホームで待っている二〇人位の乗客の中程から、押し流されるように乗り込む。すぐに空いている網棚を探したが無駄だった。手近な所は全《すべ》て塞《ふさ》がっていて、私は両手の荷物を握りしめたまま、吊革《つりかわ》にもつかまれず、左前方のドアを眺める形で立ち尽くした。毎朝のことながら、賭《か》けの負け気分を味わう。両手に荷物を持ちながら電車の中でバランスを取るというのは至難の業で、傘を床にしっかりつき、両足とで三点支持の形をとった。そうなるとノートを眺めるどころではなく、ただただ立っているだけだった。

相も変わらぬ通勤風景だった。

最初の停車駅つつじヶ丘から「KOSEI」と制服に縫い取りのある女子高生が目の前に立つ。上の娘も来年は受験かなどと思いながら千歳烏山《ちとせからすやま》に到着、その子はそこで降りた。乗車する人数が降車の人数を大きく上回り、私は通路の反対側まで押し込まれた。吊革か手摺《てす》りをつかんでいれば抵抗もできたが、両手に荷物では押されるままだ。たたらを踏むように後退、左右の吊革の中程に運ばれた。

私は身体《からだ》を支えるのに躍起だった。初めは左向きだったが、体を右に開いて進行方向に向き直った。急カーブの難所は過ぎたが、ブレーキに対する抵抗を確保したかった。バスケットでもボディバランスは重要だ。

目の前には、背の低い女の子の黒い大きなディパック、右には、前に立つ乗客の肩越しに吊革を摑《つか》む女性、左にはサラリーマンの背中。両手の荷物は乗客たちに隠れ、背の高い私の視界から消えていた。

しばらくすると右手の鞄と袋を後ろに押しのけるように蹴飛《けと》ばされた。うっとうしいと思いつつ、電車の揺れでできる空間を利用して、左右の荷物を持ち替えた。右側の女性はそわそわと落ち着きが無い。鞄を蹴ったのはお前かと腹立たしかったが、じっと我慢してバランスを保った。

ボディバランスは腹筋と膝《ひざ》と足の親指でとる。筋肉の状態は通勤電車で露呈する。サボるとすぐにふらつく。トレーニングの後は、押されても涼しい顔をしていられるが、今回はちょっとつらい。

桜上水《さくらじょうすい》に到着、ここだけ右のドアが開く。期待に反して降車する人は無くそのまま発車。明大前《めいだいまえ》で初めて降車の人数が乗車のそれを上回り、なんとか人とくっつかずにすむ程度まで空いた。

乗り換えまであと一駅、今さら網棚を使う気もなく、そのままの姿勢を維持した。吊革に摑まる人の間に、右肩だけ割込むような形になった。目の前には、私の右側でそわそわと落ち着きの無かった女性の右腕があった。彼女は支柱の前の吊革に摑まっていた。何とか吊革を使わず、傘と両足のバランスだけで無事に笹塚《ささづか》に到着、妙な達成感を味わう。

出口に向かおうとしたが、目の前の女性の向こうにいる男性二人に通路を塞がれ、両手の荷物も邪魔をして、私は車両のまん中に閉じこめられた。ふと右前方を見ると、目の前の女性が掴んでいる吊革と座席の間をすり抜けるとドアというルートが見えた。右ウィークサイドのカットインコースだ。とっさに「すみません」と声を掛け通り抜けようとした瞬間、その女性は大袈裟《おおげさ》なホールドアップのポーズをとって道をあけた。

彼女の狼狽《ろうばい》ぶりに、私は思わずふき出しそうになる。笑いをこらえドアの外へ。両手の荷物をヨイショと持ち直して、反対側で待つ地下鉄に乗り換えようとホームを横切り、地下鉄車両のドアをくぐったそのとき、誰かが私の右腕を掴んだ。その引っ張り方はかなり強引で、大方、同じ沿線の社員のいたずらと思い二、三人の顔を思い浮かべる。悪ふざけするなよ、と振り返った。（★第二部一七六頁〈「逮捕するぞ」は警官ばかりではない〉を参照）

「えっ？」

予想に反し、そこには見知らぬ若い女性の顔。

声にならない声を発し一瞬、思考が止まる。記憶のリスト全開。だめだ思い当たらない。んっ、ひょっとしてこれが世に言う逆ナンパ！　と思った瞬間、

「触ったでしょ！」

（えっ！　なにそれ、あぁ、さっき前を通り抜けてきた……）

着ているもので気がついた。千歳烏山から右後ろにいて、やたらそわそわしていた奴《やつ》だ。

（笑ったのが気に入らなかったのかな？）

「この人です！　痴漢です！」

その女性はホームの後方を向いて、ヒステリックな声で誰かに訴えた。

「何言ってんだ？　どうやって触れんの？　これで」

私は両手の荷物を持ち上げながら、主張する。

「うそ！　触った！　痴漢！　痴漢！」

すでに興奮状態。

（うわぁ、やばいぞ、これは）

「だから、これだけ持ってたって言ってるでしょ！」

そこへ、駅員が割って入った。

「まぁ、ここでは話も聞けなくて何ですし、列車の運行の邪魔にもなりますから、続きは事務室をお使いになってはどうですか？」

（なんだよ、やだなぁ、誰かに見られてたら絶対、痴漢で捕まったと思われるよ）

こんなホームの真ん中で、長引くのはまずい。駅員もああ言っていることだし……け

（まぁ第三者を介して、話せば分かるだろう。

ど遅刻だな）

過去に何度か痴漢の摘発を目撃していた。女性に引きずり出され、狼狽した男達は格好悪かった。

私自身、隣の車両に逃げる女子高生に付きまとうガクランの高校生をホームに引きずり出したこともあった。

ああ見えていたら嫌だなと思いつつ、笹塚駅の階段を下った。

（犯人じゃないんだから……）

胸を張ろうとか、顔を上げようとか、運動会の入場行進の注意事項のような言葉が頭に浮かんだ。

よく、犯人でないなら、なぜ動揺するのかというが、予期せぬ、しかも最悪の状況に突然放り込まれて冷静でいられるものなのか。

少なくとも、私にはできなかった。

駅事務室

駅の事務室に入るなり、一目でそれと分かる痴漢とその被害者が見えた。

パイプ椅子《いす》でうなだれる白髪交じりのその男は、上目遣いに弱々しい視線を私に向けた。薄汚れた白いフリースを着て、すっかり観念した様子だ。

（こいつと同じってことか？）

駅員は、

「私たちは、どちらがいいとか悪いとかを判断する立場では無いので、後は警察に話して下さい」

マニュアルでも読むように、淀《よど》みなくそう言った。

（何だよ、話を聞いてくれんじゃないのかよ？　それより、先《ま》ず電話……）

「ちょっと電話貸して下さい、会社に連絡とります」

事務員が机の上の電話を目線で示す。携帯電話をまだ使っていなかった。テレカなら通信費で会社に請求できたからだ。

ワンコール、いつも一番に電話を取る大川の声が聞こえた。

「ちょっと、遅れます」

「ハイ、お気をつけて」

いつものやり取りのはずだった。まぁ、どんなにかかっても一時間と踏んだ。まさかこれがこの日を境に始まる異常事態を前に、最後に交わす日常会話になろうとは……。

受話器を置くと、まもなくサイレンの音が聞こえた。先に連れてこられた痴漢の為《ため》に、すでに警察が呼ばれていたのだ。ややあって事務室のドアが開いた。

帽子のサイズが明らかに小さい、おまけに指先の切れた緑色の手袋をしている制服姿の警官は部屋に入ってくるなり、

「やったか！」

と私を指さしながら聞いた。

（はあ？）

何を言ったのか理解するのにモタついていると、次にフリースの男を指さし、

「やったか！」

と同じ質問を同じ勢いで浴びせた。

「はい、やりました」

「そうか、やったか。でっ、お前は。やったのか」

(何だよ、それって不意打ちのつもりか?)

「いいえ、やってません!」

「ウソッ! 触ってたでしょ! 痴漢!」

女が割り込む。警官は訳知り顔で、まぁまぁと女の発言を遮り、

「よし分かった! 後は署で聞こう」

と私をドアに促した。

「やってないって言ってんのになんで、警察に行くんですか?」

負け試合のときに感じる「向こうのペース」だ。この感じで時間が経《た》つと取り返しがつかなくなる。どうする?

そこを見透かすように警官はこう返してきた。

「やってないなら尚更《なおさら》、署でハッキリさせたほうがいい」

トラップの匂《にお》いがする。他に選択の余地は無いのか? 甲州街道に横付けされたパトカーに乗り込んだのは九時前のことだった。

パトカーに乗るのは二度目だ。

十数年前、正月の酒に酔ったタクシー運転手が友人のガールフレンドを蹴飛《けと》ばした

ため、口論の末、喧嘩《けんか》になった。それが最初である。警察署で夜中まで取調べがあり、家内と双方の両親に、えらく心配をかけた。「警察がからむとこちらの希望する解決には至らないばかりか、ことが厄介になる」というのがそのときの教訓であった。

しかし今回は状況が違い過ぎた。「痴漢」の疑いである、警察でちゃんと調べてもらいできるだけ迅速に無実を証明したい。ウカツにもそう思ってしまった。

パトカーの警官に、

「これは、任意同行ですよね？」（★第二部一七八頁〈鈴木さんは逮捕されたのか〉を参照）

自分が冷静であることを証明したかった。特に自分自身に。

「あぁ……」

と気の抜けたような返事。

（よし、任意同行だ）

代々木署

私は鈴木健夫、一九五八年一二月一三日新潟県生まれ、身長：一八一・五センチ、体重：七五キロ、本籍：千代田区神田神保町《じんぼうちょう》、住所：調布市深大寺《じんだいじ》元町一の一一の一、家族：妻（三八歳）、長女（一四歳）、次女（九歳）、勤務先：一部上場の飲料メーカー特販部食材課・課長、主力の飲料以外の新製品開発と新市場の開拓に従事。

平成四年販促代理店のディレクターから、家族の反対を押しきり、現在の会社の広告販促部に転職。マンションのローンと子供の教育費で、贅沢《ぜいたく》はできないものの、生活はまずまず安定している。特に出世は望まず、やりたい仕事をサラリーマン生活終了まで無事に勤めたい。長くやっていればそのうちいいこともあるだろう。

夢は、いずれ組織化されるであろうバスケットのシニア大会で活躍すること。体力に自信が無くなったこの頃は、ジムで汗を流し、持久力のアップと体型維持に努めている。

幼少より工作が好きで、それが高じて二浪して美大へ進む。就職してからは、創作からも遠ざかっていたが、上司とのいさかいが原因で異動を食らった平成六年から再開した。テーマは自然素材の再構成、未《いま》だ芽は出ず。

警察署に着くとすぐ二階の取調室に入れられ、そのまましばらく待たされた。ようやくこちらの言い分を聞いてもらえる、早く疑いを晴らして会社に行こう、そう思ってノコノコついてきた。そのときまでは「警察は市民の安全と平和を守る正義の味方」と思っていた。しかし、それはとんでもない間違いで大間抜けもいいところだったのだ。（★第二部一八四頁〈恐怖の「有罪行きベルトコンベア」構造〉を参照）

しばらくして私服の刑事が入ってきた。

「まあ、きまりだからね、ネクタイとベルト、それと靴紐《くつひも》があればそれも外して。あと携帯品はすべて机のうえに並べて」

その口調はきわめて日常的だが、不服従を許さない強い意志が感じられる。

「はい、両手を机について」

と言いながら刑事は私の背後に回り、肩・胸・腰・足の順番に両手でボディチェックをする。

（なんだよ、犯人扱いか？）

むっとしたが、早く話を聞いて欲しいという一心で不満を押し殺す。チェックが終わるとすべての所持品の一覧表を作り、それらを大封筒に入れて刑事は退室した。

「あと、これもきまりだから」

と今度は手錠のついたロープを持っている。

（任意同行と確認して来ているのに、なんだこれは？　だいたい、警察の言う「きまり」ってなんだ）

言いたいことが声にならない。外見的にはすんなりと受け入れてしまった。

それから、改めて氏名、住所、本籍、勤務先等の質問があり、またかよ、もうパトカーの中で言ったのに……と思いつつも素直に答える。

「それで？」

ようやく質問の内容が本題に入り、私が家を出てからの話を始めると、

「そんなことじゃなくて、やったのか、やらなかったのかを聞いているんだよ」

と刑事は私の話を遮った。

その言葉のショックは大きかった。私は、自分が「ひどい誤解を受けてここに連れてこられた」という認識で経緯を説明していたのだが……。

「やってません」

出来るだけ冷静に答えたつもりだが、かなりの大声になった。

「困ったねえ。相手の女性はあんたに間違いないと言っているんだ。正直に言ってもらわないと帰れないよ」

「なに言ってるんですか！　やってないから、やってないと言ってるんですよ！」

全くらちのあかない会話が繰り返された。

タクシー運転手との喧嘩《けんか》のときに不本意な調書を作られ後悔したことを思い出していた。相手に打撲の傷が二ヵ所あるから、二回殴っただろうというのだった。しかし、私は確実にワンパンチでノックアウトした。相手は前歯が折れていたらしい。一回しか殴っていないと言い張ると、友達を全員また呼んで証言を取り直す必要がでてくるし、下手すりゃ実況検分の必要も出てくるから、二回ということにしておけと、取調べの刑事に言われた。若かったこともあり、まあいいやみたいな気持ちで承諾した。後日母親が使った鼻薬も効いて、おとがめは一切なかった。

しかし、今日は違う。

ヤツらの言いなりなら「犯罪者」で「前科者」になる。

取調べが一旦《いったん》中止された。作戦変更らしい。

テレビの刑事ドラマでは、ひとりの刑事が取調べにてこずると選手交代となる。実際もドラマそのままにタイプの違う刑事が順番に入ってきて、それぞれ違った聴き方で「やったと言え」と言外に強要してくるのだ。

「会社にも言わないし、家族には何とでも言い訳できるだろう？　五万円ですむことだし……。もし今、自供したら三万円になるよう意見書付けてあげるから、よく考え

てね」（★第二部二一四頁〈生き方を問われる司法取引〉を参照）

金属フレームの眼鏡を掛けた、脂《あぶら》ぎった顔のすだれハゲの刑事は、安い罰金刑であると強調する懐柔タイプ。

「相手はあんたの顔を見たって言ってんだから！　間違いねんだよ！」

ジャンパー姿の無精ヒゲを伸ばした刑事は、机を叩《たた》いて脅す恐喝タイプ。

「お前も大変だろ。家族はどうしてんだ？」

スリーピースに髪をきちんとソフトバックにした刑事は人生相談タイプ。

陳腐だ。ドラマの刑事のほうがまだ理路整然としている。「お前が犯人だ、早く自白しろ」という部分だけが一貫している。

この段階になっても私はまだ警察に対して微《かす》かな期待を抱いていた。

被害者が名乗り出ているし、取調べの結果、犯人とは思えませんと報告するにしても、これだけ聞いたんだからと言う必要があるのだろうなどとノーテンキに考えていた。

しかし、実際には「容疑者」として強制参加させられたゲームが、すでに始まっていたのだ。開始のホイッスルも、ルール説明も無いままで……。

私は時間が気になって仕方なかった。タイムテーブルは、まだ警察の外の日常と一致していた。

（一体いつになったら解放されるんだ）

人生相談タイプの刑事に、

「一体いつ帰れるんですか？　私は遅れるという電話しかしてないんですよ。午後には大事な商談もあるし」

と相談を持ち掛けてみた。すると、

「あんた何言ってんだ？　あんた逮捕されてんだよ。電話なんかできるわけないじゃない」

逮捕という言葉に体が反応した。目の周りの筋肉が硬直する。両耳が倒れて側頭部に引き寄せられる。動物と同じ、攻撃態勢を取ったのが自分でも解《わか》った。

「冗談じゃ無いですよ！　私は任意同行と確認してここに来ているんですよ！　第一、逮捕状だって見てないし。それで、お前逮捕されたから電話させないじゃ納得いきませんよ！」

胸から首にかけて血液が一気に逆流する。顔が火照《ほて》っている。こめかみが痛い。

刑事は舌打ちすると私を一瞥《いちべつ》し取調室から出ていった。ドアは開いたままだが、一番若い刑事がガンを飛ばすように見張っている。ここが警察署でなければ、町のちんぴらそのままだ。外の声は聞き取れないが、刑事たちは何か相談しているようだ。

そこまで言うならと、人生相談タイプは電話のあるデスクの前まで、私を連れていった。取調室を出るときに、腰縄にぶら下がっている手錠が両手首に掛けられた。無数の傷が見えるが、ギアに掛かるギザギザの口金だけは研磨したばかりのように硬く尖《とが》っている。想像よりずっと重くそして冷たい。痛い程口金をしめた手錠は腕の上げ下げにも抵抗してくる。こんな経験今しかできないから良く観察しておくんだ、などと何とか冷静になるよう試みるが、手錠を掛けられたという精神的なショックは大きかった。時計が見えた。一〇時三五分、すでに二時間以上が経過していた。

手錠を掛けたままの電話は違和感があった。左手で受話器を持つと、メモを取るはずの右手があごの下までついてくる。

「田村課長いる？　かわってくれる？　あっ鈴木です。今ですね、痴漢に間違えられて手錠掛けられてるんですよ。それで昨日預かった書類と、今日の午後、三山の支店に提出する見積書を持ってるんで、取りに来て欲しいんですけど」

「何だって？」

人生経験豊富、苦労を肥やしにするタイプで部下からは管理職の鑑《かがみ》と慕われている。

「あんたたちの考えることくらい大体察しがつく」が酒を飲んだときの口癖であった。

その田村課長もさすがに困っている様子だ。

「何とか謝って帰してもらえないの？」

（そうできれば、電話なんかしませんよ）

「全然、言うことを信用してもらえなくて」

「分かった。すぐ行くから、そこ場所はどこなの？」

課長の東北訛《とうほくなまり》が妙に懐《なつ》かしい。

「あっ、じゃ、かわります」

刑事に受話器を渡した。田村課長が場所はどこかと聞いているらしい。

「代々木署だよ！　代々木署！　場所？　ここの場所も知らないの？」

ここが代々木署であることを初めて知った。刑事はハンッと笑ってから、

「甲州街道沿いの……」

と場所の説明を始めた。課長のことだから、機嫌を損ねないようにと平身低頭で尋ねているだろうに、こいつら何様のつもりだ。私は逮捕者だそうだから仕方ないとしても、上司への無礼には腹が立った。

日常生活を営む上で、警察なんか用無しではないか。車で脇《わき》を通るとき「ああ、こ

こに警察署があるな」程度の記憶が普通ではないのか？　逆に警察署の住所をきちんと言えるほうが危ない人種ではないのか？

取調室から解放されたせいで、少し緊張がほぐれたのか小便をもよおした。

「トイレ、行かして下さい」

簡単には戻りたくないが、若い刑事が紐の端を持ってついてくる。

廊下に出ると、長椅子《ながいす》で私を突きだした女ともう一件の被害者が談笑していた。私が前を通り過ぎると、上目遣いに私を見たので睨《にら》み返した。

（こいつの顔だけは忘れるな！）

自分を叱咤《しった》する。

古ぼけて掃除の行き届かない便所の一番奥、窓際《まどぎわ》の便器を選んで用を足した。金網がガッチリと張ってある窓から会社が見えるかと思い覗《のぞ》いたが無駄だった。網目の形にほこりのついた窓を通して、見慣れない風景がぐったりと広がっていた。今にも雨が降りそうだ。

ここでは、一部上場企業の課長の肩書きなど何の効力も発揮しなかった。

どうなってんだ一体？　なんでこんな所にいるんだ？　そんなことを考え、大きくため息をつく。刑事は油断のない態度でじっと待っていた。両手に握られたロープの端が私の腰につながっている。

部屋に戻るとき、女たちはまだそこにいて携帯電話で話をしていた。背中のほうで笑い声が聞こえた。その笑い声は廊下で反響して、ワウワウで音源処理されたように歪《ゆが》んで聞こえた。

（チクショー、憶《おぼ》えてろ！）

強がってみるものの、状況は全く好転の兆《きざ》しを見せなかった。

取調室に戻る。タイムアウト終了、続きが始まる。

担当の辻村警部補が入ってきた。頬骨の目立つ面長、広い額、薄い髪、人を信じたことなどない、冷たい光を発する細い目、色の悪い薄い唇、ハリウッド映画に登場するドイツ軍将校を連想させる。ほとんど顔の筋肉を動かさずに捜査主任だと自己紹介して、こう切り出した。

「大きい有名な会社の人ほどがんばるんだよ。このまま、おまえさんが否認すると、まず一〇日間の勾留《こうりゅう》、次に京王線の電車を借り切って相手の女性と実況検分をやらなくちゃならん。そのころまでに二週間。今まで一番がんばった奴《やつ》はそこまできてやっと認めた。どっかの部長だったかな。こっちはえらい苦労だよ。初めからやったと言ってくれれば、よけいな手間を掛けずに済むんだ。言っとくが検挙率一〇〇パーセントだからな、少なくともこの代々木署では。まあよく考えて」

ところどころに侮蔑《ぶべっ》とも自信とも取れる笑いを交えて、そう言い終わると冷酷な視線を私に向けた。

（やってなくても、取《と》りあえずハイと言えってことか？　前の喧嘩で懲《こ》りてる、安易なことは絶対言わないぞ。でも一〇日間の欠勤、どうしよう？　確かに五万円で済むなら安いのかも知れない）

一瞬、計算が頭をよぎる。悪魔の誘惑。

（認めたってことは、痴漢のレッテルを貼《は》られるということで、後をどう取り繕っても記録は残る……つまり前科者。一旦認めてしまえば、後は言われ放題。妻はよーく話せば分かってくれるだろう……ただ、こういう話は必ず漏れる。会社はまずクビだろう。会社は辞めてしまえば他人だが、子供達はそうはいかない、特に上は多感な年頃。「前科者の子供」……そういういじめにあう。第一、本人が認めているとなれば反論もできない……一生悔やむってことか）

できる限りのシミュレーションを試みる。どうしても認めるのはくやしかった。

（闘うしかない、それで有罪でも仕方がない。少なくとも家族に操《みさお》は立つだろう。もう会社には戻れないかも知れない）

それ以外の選択肢は思いつかなかった。

田村課長が到着した。取調室の机の向う側に座って、いつもより神妙な態度と口調で話し始めた。見張りの刑事も出ていった。

「鈴木課長もあんまり突っ張るから誤解されんだよ。すみません、触ったかも知れませんけど、わざとじゃないんで許して下さいって出てこれなかったの？」

田村課長らしい意見だった。

「尾を振る犬は打たれまい」。彼が私を諭すときの常套句《じょうとうく》だった。

「まあ、会社のほうには途中で具合が悪くなって帰宅したとか言っておくから、一刻も早く疑いを晴らして月曜から復帰できるようにね」

業務に関する打ち合わせをした後、田村課長は書類と見積りを受け取り帰っていった。何とか、サラリーマンとして最低限の責任だけは果たせたと、少しだけ安堵《あんど》する。

また一人になった。田村課長の言葉を反芻《はんすう》し「犬がイヌ（警察）に尾を振るわけか」などと自嘲《じちょう》した。こんな状況の中もっと他に考えることがありそうなものだが、気持ちと頭は別々に働くものらしかった。

昼飯の時間になった。

テレビのドラマだと、ここでカツ丼《どん》が出るのだが、

「自分の所持金で店屋物を取るか、勾留中の人間が食べるパンならタダだけど？」

「結構です、いりません」

（こんな所で昼飯なんか食えるか！）

突っ張る気持ちと情け無さが相半ばする。民主的法治国家、人権は保護されている。たとえ悪態をついても、殴る蹴《け》るまでは無いと分かっているのに、言葉遣いだけはどうしても「ですます」を崩せない。この段になってもまだ警察の正義に期待していたのかも知れない。

土壇場《どたんば》の所で敵に回しきれない、堂々巡りもいいところだった。

結局、鞄《かばん》に入っていた缶のお茶を昼食代わりに飲んだ。それは、昨日の会議で出されたものを持ち帰って、鞄に入れたまま忘れていた物だった。

ハンガーストライキも考えたが、一〇日の長丁場と聞いていたので止《や》めにした。電気も消され、一人残された取調室で腹式呼吸を繰り返した。

（気持ちを落ち着かせるんだ。受験も試合もこれで切り抜けてきたんだ）

何とかなるさという気持ちと、どうしようというパニック状態がめまぐるしく入れ替わる。

人生最大のピンチ……パトカーの警官の「やっていないなら、なおさら署でハッキリさせたほうがいい」という言葉はやはりトラップだった。

昼休みが終わり、ようやく調書作成となった。しかしそれは取調べ同様ひどいものだった。

辻村が老眼鏡を掛け、ワープロの画面を見ながら私に尋ねた。

「じゃ、私が読むから良く聞いて。私は調布駅から乗車し、被害者の女性の……」

「被害者と言い張る女性と言いました」

「どっちだって一緒だろう？　その際、女性のお尻《しり》に触ったかもしれません」

「ふざけないで下さい！　そんなこと一言も喋《しゃべ》ってませんよ！」

「でも、触ったかも知れないじゃないか。表現の問題だよ」

言っていないことを平気で書こうとする。犯行を臭《にお》わせる表現を使って……。そうかと思えば「右斜め後ろ」と「右後ろ」など細かい表現の違いを、さっきと違うことを言ったと揚げ足取りにくる。

さすがにお人好《ひとよ》しの私も警察の意図を理解した。

やつらにはじめから話など聞くつもりはない。犯行の自白だけが目的だ。

「もう話しません。後は弁護士と相談しますから、妻に連絡して下さい」

「なにぃ、じゃ黙秘すると言うことか？」

「だって言った通り書いてくれないじゃないですか！」

「それじゃ署名、捺印《なついん》は？」

「しません！」

もう、どうでもよかった。とにかくこの状況から抜け出したかった。

妻の勤め先の電話番号を告げ、あとは黙った。

ルール解説が無いまま、どんどん負けに追い込まれる。子供の頃、年長者の遊びに混ぜてもらったとき、ルールを知らないのをいいことに、メンコやビー玉をまきあげられた。丁度そんな理不尽さがつきまとう。

あの頃はよく泣いていた。悔しさが涙を目の奥から押し出す。親や先生に言ったところで解決は無い。仲間はずれが落ちだ。

私が黙秘を決めたことで取調室が騒然となる。人生相談タイプが話を聞きつけ、

「チッ！ いっぱしのやくざの真似《まね》なんかしやがって！」

と吐き捨てた。耳を疑った。他の刑事と違い、脅しのない態度で話を聞いていた刑事の言葉だけにショックだった。

（法治国家だろう？ 弁護士を呼ぶのがなんでやくざの真似なんだ？ これだけの頭数がいて、結局ひとりもまともに話を聞いてくれないのか？）

でも、何も言えなかった。改めてテレビのドラマと現実は違うと思った。

騒然とした取調室に、ごま塩頭の初老の刑事が入ってきた。たぶん課の責任者か何かだろう。満面に笑みを浮かべ、腕組みをして席に着く。俺が決着をつけてやろうという、自信に満ちた態度であった。

「これで最低一〇日間の勾留になるが、いいんだな鈴木？」

「いいですよ、もう……」

自分で自分にしっかりしろよと言いたくなるほどのすねた返事をした。いい年になってから人前でここまで投げやりな態度を取った記憶が無い。まるでだだっ子のようだ。反発を買うに決まっている。でも冷静でいるために必要な気力はもう残っていな

い。

刑事たちの理不尽なプレッシャーのなか、私の頭の中でいろいろなイメージが浮かんだ。戦国武将の馬に田畑を踏み荒らされる百姓、『ベン・ハー』の奴隷船《どれいせん》のシーン、拾ってきたが気に入らなくなって追い出した犬、白人から鞭打《むちう》たれる黒人奴隷、読経《どきょう》を終えた父に説教されている中学生の私、何の脈絡もなく次から次へと湧《わ》いてきては消えた。

そんなイメージの流出の中で、私はデニス・ロドマンに自分の姿を重ねた。彼はいつもこんな理不尽と闘ってきたのだ。

バルセロナオリンピック以来、NBAの人気が高まり、テレビ放映が飛躍的に増えた。神様マイケル・ジョーダンの活躍した時代をオンタイムで見ることができたのは、私の数少ない幸運のひとつであった。引退を乗り越えた二回の「スリーピート（三連覇）」は今後、破られることが無いだろう。神様は身体《からだ》の造りそのものが天賦《てんぷ》の才能だった。人間には真似できない、つまり見ていても参考にならなかった。

その点、ロドマンは人間そのものであった。その悪童ぶりだけが取りざたされるが、七年連続のリバウンド王は才能だけで成しうるものではない。「ゴール下のゴミ拾い」

と称され、ハードワークの割には注目度も低いリバウンド。ボールを絶対に取るという執念、ボールが何処《どこ》へ落ちるか予測するカン、競《せ》り勝つためのポジション取り、身長差を埋めるために繰り返されるジャンプは、無酸素運動の連続で酸欠状態になることも珍しくない。しかも、直接、点には結びつかないため素人《しろうと》受けしない。ロドマンはそれをクールなプレーに変貌《へんぼう》させた。リバウンドのスペシャリストを目指して、身体的なハンデを補うためのハードなウエイト・トレーニングで肉体改造をし、相手チームはもとよりチームメイトのシュートも入念にビデオチェック、こぼれたボールの行き先を記憶してそのポイントにポジションを取る。二〇センチ近い身長差のセンター陣とボール争いをするために、素早く何度も(私の記憶では最高六回)飛んでボールを手繰りよせる。試合後といえども一時間以上のフィジカル・トレーニングを欠かさない。そんな職人気質《かたぎ》と体制への反骨精神にしびれた。また入れ墨や女装という自己演出能力にも長《た》けていた。

しかし「社会人として子どもたちの模範であってほしい」という協会の基本路線からはずれている、と反逆者扱いされた。レフリーの不公平な笛もしばしば響いた。オールスターに出場したあとでも、黒人という理由で乗っている車を止められボディチェックを受けたり、愛車のベンツを盗品と疑われたりした。

そんな逆境の中で出した、五個のチャンピオンリングと七年連続のリバウンド王という結果は、まさに「自力でつかみ取ったもの」であった。そこがクールだった。

「人生を賭《か》けた、ルールの分からないゲーム」にほうり込まれた状況で、私も自分を励ます何かが欲しかった。

取調室で頭を抱えていると、

「おい、鈴木これが逮捕状だ」（★第二部一八五頁〈私人逮捕は都合のよい処理に利用されているのか〉を参照）

入り口から刑事が一枚の書類を広げた。そこには「逮捕」という文字が見えた。初めて本物の逮捕状を目にした。今後二度と見ることは無いだろうと思い、できるだけ記憶しておこうと努める。しかし、詳細には見せてもらえず、手錠を掛けられ部屋から連れ出されるときに、立ち止まってかろうじて数秒眺めることができた。ただ、ほとんど何も記載がないことだけは、はっきりとわかった。

犯行を否認したため、取調べを続けるという理由で勾留《こうりゅう》されることが決定した。逃亡や証拠隠滅、自殺の防止が目的だそうだ。ロドマンも経験した留置場生活だ。ところが代々木署の留置場は満員で、碑文谷《ひもんや》署の「預かり」になると告げられた。

出発前に全《すべ》ての指紋を取られた。正面と側面の顔写真を撮られた。もうすっかり「犯人」扱いだ。任意同行と念を押してきたのに、たった半日で犯人に仕立てられようとしていた。このまま犯人にされ、前科者として以後の人生を過ごすことになるのだろうか。全く経験則に無いことが始まろうとしていた。

結局、交通渋滞のせいで、碑文谷署に着いたのは午後七時過ぎだった。到着するとすぐ、看守から「弁護士の接見だ」と言われた。

面会室はドラマの通り、穴の空いたアクリル樹脂の分厚い板で遮られていた。

「弁護士の中西です。升味《ますみ》さんから連絡をもらってたんだけど、丁度出かけていて来るのが遅れて申し訳なかった」（★第二部一八九頁〈当番弁護士を呼んでください〉を参照）

彼の最初の挨拶《あいさつ》だった。ちょっと舌が長いのか「ら行」の音が巻く。

本物の弁護士を間近に見るのは初めてだった。

妻が信頼を寄せる友人に女性弁護士の升味さんがいた。サラリーマン生活を営む上で代理人を頼むとすれば、離婚とリストラ位のものだが、妻は何かあったらよろしくねと、普段から冗談めかしてお願いしてあったそうで、中西さんは升味さんからの紹介であった。

　真っ白の髪は後ろに撫《な》でつけているものの、ほとんど爆発したように立ち上がり、茶色のボストンスタイルの眼鏡が、怒ったように見開いた目をかろうじてカモフラージュしていた。極めつけは、グレンチェックのスーツにLLビーンのディパック、それにスウォッチの赤い腕時計。この組み合せは一体何だ？　私は物語に登場する意固地な博士を連想した。博士は時折、八重歯を見せて、まるでいたずら小僧のように笑う。

　しかし、私の混乱は数分の杞憂《きゆう》で終わった。

「僕には、隠しごとをせず何でも話して欲しいんだけど、実際のところも……やってないね？」

　私は即座に「ハイ」とうなずいた。

「んっ、よろしい。この手の事件は、証拠らしい証拠がないために、無罪の立証が非常にむずかしいというのが正直なところでね、私の立場としては、闘えとも罰金払って出ちゃえとも言えない。それはあなたが決めることだけど、私としては何年かかっても闘って欲しいと思っているし、もちろんそのときは全力で弁護するつもりでいる」

（ハッキリいうなぁ。でも、この状況で希望的なことを言わないのは良い。この人に賭けるしかないんだ）

「闘います。宜《よろ》しくお願いします」

「ちなみに相手の女は、黒坂愛梨《あいり》、『えり』って読むのかな？　二〇歳。ホテルの電話交換手だそうだ」

彼のその自信に溢《あふ》れた話しぶりで、トラッドを基調にした独自のスタイルも今は好印象に変った。何より緊迫感をもって私の前に登場してくれたところに彼の誠実さを感じた。

「んっ、分かった。取りあえず今日は帰るけど、月曜にはかみさんが着替えを持って面会に来るから、必要な物があれば伝えておく」

「あの、来ないように言って下さい。会うと弱気になっちゃいそうなんで」

自分でも意外な言葉が口をつく。

「ようしっ分かった！　そう伝えておく」

そう言うと腰を上げた。

「荷物が多くてさ」

中西さんはディパックを背負い左手に傘を持つと、出口のところで顔だけこちらに向け、「じゃあ」と右手の平を挙げて帰っていった。

第一回公判の前打ち合わせで弁護士に聞いたところ、私は笹塚駅ホームにて「私人による準現行犯逮捕」されていたのだった。本来ならパトカーに乗る時点でそれが告げられるべきとのことであった。警察は、ここで私にそれを告げてごねられても面倒だ、どうせ自白するから、とでも思っていたらしい。取調べの途中で、私が会社との連絡を要求したため、刑事が口を滑らす形で「逮捕」されていることが明らかになった。（★第二部一八七頁〈自分の身にふりかかったら……〉を参照）

先に捕まった痴漢を連れにきた警官にとって、私は一石二鳥の思わぬ収穫で、漏れ聞いた話では「身分もはっきりしているし、帰してもらえまいか」という会社からの問い合せに「今日はダブルで挙がった。お宅の社員は態度も生意気だし、帰すわけにいかない」と答えたそうである。ついでに連行して、後は署で絞ればいいという腹だったのだ。

「警察のやり方〈その一〉」何はさて置き警察署に引っ張る。

また、警察署で見せられた逮捕状も偽物《にせもの》であった。

通常、逮捕状は警察から裁判所に対して、これこれの容疑で捜査をしたところ、このように証拠が固まりましたので逮捕状を下さいと請求する。その請求を裁判所が検討し了解となって初めて発行となる。私のケースは一般人が犯行を見届け、その後を追いかけて捕まえる「私人による準現行犯逮捕」だから逮捕状は必要無いのだそうだ。弁護士から「そんなもの作ってる暇無いだろう」と言われて唖然《あぜん》とした。じゃあ、あれはなんだったんだ。何も知らないと思ってそこまでやるのか。

何とか、こんなインチキ捜査を白日の下に晒《さら》すことが出来ないのか。地団駄を踏む思いだったが「どうやってそれを証明する？　警察署の中ってのは密室なんだぞ。そんなもの知らないって言われて終わりだよ。そういう奴《やつ》らなんだよ警察ってのは」と弁護士に諭されたのだった。

「警察のやり方〈その二〉」法律に疎《うと》い相手には何でもあり。

ルール違反はまだあった。

田村課長は帰社するとすぐ、さあ大変と上田常務、加藤部長に報告した。私には「病欠にしておく」と言ったもののやはり彼の手には負えなかったのだろう。その報告には意外な返事が返ってきた。なぜ、お前がそれを知っているのかと問い返されたのだそうだ。私が代々木署に連行され身分証明書で会社が分かった直後に、渉外部長の野上宛《あて》に電話が入っていた。野上部長は新宿署のマル暴を退官して会社に天下った経歴の持ち主で、警察とのパイプ役が主な仕事であった。いつも社内をうろうろしていたが、具体的にどんな仕事をしていたのかは誰も説明できなかった。新潟の代議士の秘書が交通違反の揉《も》み消しを警察に依頼していたことが話題になっていたが、その手の仕事をしていたことは容易に想像できた。現に製品の配送中に何人かひき殺しているが、一度も新聞沙汰《ざた》になっていない。私の事件など「一部上場会社の課長、痴漢で逮捕」とマスコミにはおいしいニュースソースのはずだが新聞報道は無かった。

私には、会社にも家族にも内緒と取引を持ちかける一方で、アンスポーツマンライク（故意）のファールを犯す。「罰金五万円と会社には内緒」の取引に乗っていたらと想像するだけでゾッとする。

「警察のやり方〈その三〉」自白さえ取れれば嘘《うそ》もつく。

後日行われた会社との民事訴訟では、担当した裁判官に経緯を説明すると「その程度の刑事事件なら本人が黙っていたら、会社には知れないはずなのに、なんで警察から直《す》ぐ連絡が行ったのか、不思議だったんですよ。そういう人が社内に居たわけですね」とあきれられた。

しかも「野上は警察がそう言っているなら鈴木はやったに違いないと吹聴《ふいちょう》して回った」と江藤役員から聞かされた。退官しても警官《いぬ》は警官ということか。

勾留《こうりゅう》質問

一〇月一七日の勾留請求を受け、翌一八日朝、勾留質問を受けるために東京地検へ行くバスに乗せられた。それまでときどき見かけていた、窓ガラスにスモークシートを張り、緑がかった青と白に塗り分けられた例のバスだ。窓の内側には鉄の柵《さく》がはまっていた。着替えが無いため、金曜から寝るとき以外は着たままだったスーツは、見るも無残によれよれになっていた。ノーネクタイに手錠、テレビの報道で見る犯人護送そのままである。これで三日連続して手錠を掛けられることになるが、ショックはもう無かった。知り合いに偶然見られるということでもなければ、今はこういう役を演じているのだと割り切れた。（★第二部二〇九頁〈勾留のために裁判官が質問します〉を参照）

病院の待合室のような地下の長椅子《ながいす》で昼過ぎまで待たされた。五、六〇人がそこにいる。一昨日《おととい》笹塚駅で一緒に捕まった白いフリースの痴漢もそこに交ざっていた。ようやく私の順番になった。小学校の予防接種のように、数人が列を作って自分の順番を待つ。机で書類を見ている休日当番の裁判官の前に腰掛け、勾留質問が始まった。

「公衆の面前において他人に著しく迷惑をかける暴力的不良行為等の防止に関する条例違反ですが、どうなんですか？　否認を続けられますと、ここでは具体的な取調べなど無いですから、自動的に一〇日間の勾留となりますが？」

認めれば即有罪、認めなければ一〇日も留置場に入れられるという重大場面のはずが、事務手続き位にしか思っていないようだ。その態度には何の感情もこもっていない。

「やっていませんから」

「じゃあ否認するということですね？」

「はい」

そんな話、警察でさんざん聞かされたよと思いながらため息をついた。さんざん待たせた挙げ句、何の解決も何の進展も無い、まさにお役所仕事と思いながら、待合室の自分の席に戻った。

「警察のやり方〈その四〉」自白するまで帰さない。

帰りのバスへ戻る途中で、時計が見えた。

本当なら今頃、高校時代の仲間とバスケットの試合をしていたはずなのに……もう終わったころだな。勝ったかな？　かみさんはなんて伝えてくれたんだろう。一〇日間の勾留か……水曜からの宮崎出張もキャンセルだ。年に一度の全国栄養士会に出向いての売り込み。会場はシーガイヤだったのに……行ってみたかったなぁ……。（★第二部二〇二頁〈二泊三日の逮捕、まずは一〇日の勾留〉を参照）

大学を卒業して延岡《のべおか》の実家に帰った吉田先輩と十四、五年ぶりの再会を約束していた。

「まさか、延岡に左遷《させん》されたっとじゃなかろうね？」

そんな宮崎弁の軽口をたたいてたっけ。

本来そうなるはずの事柄を次々に思い出していた。しかし、現実は手錠で繋《つな》がれてここにいるのだ。私はまだこの現実に馴染《なじ》めていなかった。

バスが走り出す。霞《かすみ》ヶ関《せき》を起点にして系統ごとに幾つかの警察署を回り、留置されている人間を降ろしていく。我々を運ぶ第一三系統は愛宕《あたご》署、渋谷《しぶや》署、世田谷《せたがや》署、目黒署、成城署と回り、最後に碑文谷署に着く。

窓を細く開け、そこから街路樹の植えられた道路を眺めていた。風が強いと思っていたが台風だったらしい。本当は全開にしたかったのだが、後ろの席からクレームが出た。

目黒署の手前の信号でストップした。窓の隙間《すきま》から見覚えのある横断歩道と、そこにできた水溜《みずた》まりやニセアカシアの落ち葉を眺めていた。すると水溜まりを避《よ》けながら、危うい足取りで横断歩道を渡る小学生の後ろ姿が見えた。

(下の娘と同じ位だなぁ……)

そう思った途端に、わっと涙が溢《あふ》れてきた。

小学生になった今でも一緒の布団《ふとん》で寝ていた。一泊の出張でさえ、おやすみ、おはようと二度の電話をかけるのが約束となっているのに。これから一〇日間いやそれ以上、家族となんの連絡も取れずに、留置場で寝起きするなど想像もできない。声を上げて泣きたかった。そのほうがどんなに楽だったろう。

しかし周りの連中から、気弱と思われるのもしゃくで何とかこらえた。ハンカチは紐《ひも》の代用になるという理由で没収されていた。スーツの袖《そで》で涙と鼻水をぬぐい、窓からの風で目を乾かした。

(服の袖で鼻水をぬぐうなんて……幼稚園以来かな)

そんな下らないことが頭に浮かび、泣き顔のまま自嘲《じちょう》した。


一〇月一九日。結局、妻は会いに来た。仕切り板の穴に指を押しあて、お互いの指が触れるようにしながら言葉を交わす。

「着替えの枚数が多過ぎて、ロッカーに入らないからって、担当の人に言われてね、しょうがないから少し持って帰るわ。この穴ちっちゃくて指が入らないね」

始めのうちこそ笑顔だったが、彼女の目にみるみる涙が溢れてきた。

「どうしたの、そんなんじゃ闘えないよ」

中にいる私のほうが励ます役になる。

食事のこと、風呂《ふろ》のこと、同室の人間のことなどこまごまと心配した後、子供たちにはまだ話していないと言った。

また、土曜日の時点で妻は田村課長と会っていた。「業務的なことは心配いらない。このことは上田常務、江藤役員、加藤部長、野上部長以外に知らないので口外無用」

と念を押されたと、私に報告した。

妻は、昔から私のピンチのとき、その細い体のどこからと思うような馬力を発揮してくれた。決してあきらめず、根気よく励ましてくれた。入院のとき、異動のとき、周囲には笑いを交えて私の立場をうまく説明してくれた。そんな妻に、また余計な心配を掛けてしまった。しかも今度は警察沙汰《ざた》だ。最悪の状況を作ってしまったことと、それを解決できない己の非力を恨んだ。家族を守るどころではない。

「頑張ろうね……風邪引かないようにね」

彼女はそう言い残し、涙をぬぐうと帰っていった。

差し入れのヨットパーカーとスエットパンツに着換えると人心地付いた。捕まった金曜日から今日まで風呂はおろか、下着も替えていなかった。ヨットパーカーの袖のほつれが補修してあった。なぜかポケットにも糸目があるので、こんな所やぶれていたかなとそれを裏返してみると「ガンバレタケオ　ファイト」と刺繍《ししゅう》がしてあった。

体の中の闇《やみ》に小さな灯がともった。

た。中西さんは自宅が碑文谷署のすぐ近くということで、その後も毎日接見にきてくれた。おまけに会社との連絡係を引き受けてくれたため、サラリーマンとして会社に掛ける迷惑を最小限にくいとめることができた。少なくとも自分ではそう思っていた。仕事に関する問い合せがあることで、まだ外の世界と繋がっているというわずかな気休めにもなった。留置場からする仕事の指示は、末期患者が見舞い相手の健康に注意を促すような違和感があった。

一〇月二一日、水曜。勾留されて六日目、最初の取調べがあった。辻村警部補、直々のお迎えで代々木署へ向かう。守衛の指示でジャージからスーツに着替える。両手にはまた手錠が掛けられた。逮捕から通算四度目だ。

「お出かけだから着替えて」という母親の言葉を思い出した。それは冠婚葬祭や墓参りなどの公式行事に行くときの出発の合図であった。そういうときには家を出てから帰ってくるまでに、必ず一度は父親の怒りに触れた。緊張のため、玄関を出たとたんに転んで、新品の服を泥だらけにするという、普段は考えられないような失敗であったり、悪戯《いたずら》や無礼は勿論《もちろん》、気働きの無さ、返事や姿勢の悪さとその内容は様々であった。お出かけの着替えには、そんな緊張感があった。

一六日に使ったのとは別の部屋で取調べが始まった。

「本当のことが知りたいんだ」

と辻村が切り出す。

「やってないから、やってないと言ってるんですよ。本当のことを言っても信用しないじゃないですか。これで、もし無罪だったら、謝ってもらいますからね」（★第二部一九五頁〈黙秘し続けるのは修行と同じです〉を参照）

相手の目から一度も視線をそらさず、そう答えた。

（もう言いたいことを言ってやろう。こいつらの好きにさせてたまるか）

「おいおい、何で俺がお前さんに謝らなきゃならないんだ？」

辻村が失笑する。

（自白だけが目的だ。後は根くらべだ）

私からは何も話さなかった。結局、午前中はにらみ合いで終わった。

昼飯にカツ丼《どん》を頼んで、取調室の机を挟んで辻村と向かい合って食べた。しばしの休戦。二時間にわたるにらみ合いは、結構疲れる。辻村も大したもので、怒鳴るわけでも無し一度も感情を動かさずに付き合った。

こうなると、こちらが根負けして感情的になることを警戒しなくてはいけない。

（ハーフタイムで、膠着《こうちゃく》状態の打開を試みるんだ。これでも営業のはしくれ、いろいろ聞き出してみよう。仕事や家族のことあたりかな）

「いつもこんなことしてるんですか？」

「いつもじゃないよ。お前さんみたいに頑張るのがいるから、手間取るんだ」

（なに言ってやがる）

「じゃあ他にどんな仕事を？」

「いろいろあった。ＳＰも経験した」

（おっ、のってきた）

「えっ、あれって自分が楯《たて》になってその人を守らないといけないんでしょ？」

「ああ、護衛期間中は家族からも隔離される。行動予定なんかの秘密保持のためだ。その間は、もう誰も信用できなくなる。仲間でも同じことだ。その要人を暗殺しようと思ったら、ＳＰに潜り込むのが一番だからな。神経も極限まで研ぎ澄まされる。仮眠していてもほんのちょっとした物音、例えばホテルのボーイが水差しを交換にきたとき、ドアを開けるカチッという音で目が覚めちまう。あれだけは、もう二度といやだな」

と言いながら辻村の顔はゆるみっぱなしだ。

（結構自慢なんだ）

「ご家族は何されてるんですか？」

「娘は今度大学生。せがれは警視庁に勤めている」

（警官も世襲するんだ。結構おいしい仕事ってことだ）

「高校卒業のとき、どうすると聞いたら、コンピュータの専門講座がある千葉の大学に行きたいと言って、そこ一本で受験したら見事に落ちた。他を全く考えていなかったんだ。しょうがないんで、警視庁の二次募集を薦めたら上手《うま》いこと引っかかってくれた。今はそこでコンピュータ関係の犯罪捜査を担当している」

「そりゃ、何よりですね」

「どうか分からん」

「なによりですよ。親子で同じ仕事して、税金で給料もらってるわけでしょ、失業の心配も無いし。こっちは散々税金取られて、挙げ句の果てがこのざまですよ」

「おい鈴木！　そりゃ俺には皮肉に聞こえるぞ」

辻村の声のトーンが変わった。

(そう、その通り。ちゃんと皮肉ってわかるんだ)

無言で肩をすくめる。ちょっとだけスッキリした。

矛先をかわすためにお茶のお代わりを頼むと、ドアを開けたまま部屋から出ていった。

丁度そこに電話が入り辻村がかわる。

「ハイッ！ ただいま取調べ中です。ハイッ！ やっております。ハイッ！ ハイッ！」

電話に向かって、米つきバッタのごとく頭を下げる姿が見えてしまう。たぶん担当検事からだ。

(あんなにぺこぺこしなくても……。よく訓練されてんだな。あぁ、それで犬って呼ばれるんだ)

「階級社会」という単語が頭に浮かんだ。

見張りの若造刑事が私の失笑に気づいて、後ろ手でドアを閉めた。

辻村のそんな姿を眺めながら、私も同じだったのかも知れないと考えていた。

経営者のせがれとして教育され、かなり偏《かたよ》った考えのままサラリーマンの社会に身を投じた。そのとたん、どう動いていいのか、何が真実で何が虚偽なのか、誰が味方で誰が敵なのか皆目分からなくなった。

階級社会には階級ごとに独自のルールがあり、それは他の階層からは決して見えない。目線の高さが、思考を規定するからだ。

そこにルールがあることに、抵触して初めて気付くがそのときはもう手遅れ。「生意気」「身の程知らず」の烙印《らくいん》を押され、それはずっと消えない。私ももっと尻尾《しっぽ》を振っておけば、助け船を出してもらえたのだろうか。

辻村が部屋に戻ってきた。

休戦終了、またにらみ合いが始まった。

「鈴木、にらみ合っててもしょうがないんだ。俺は本当のことを知りたいだけなんだ」

決して「やったと言え」とは言わない。自白の強要はしていないということだ。

「最初から本当のことしか言ってませんよ。信用しないのはそっちでしょ……結局、自分の正義は自分でしか守れないんですよ」

辻村は、それまで真《ま》っ直《す》ぐ私を見据えていた目線を外して、ため息を吐《つ》いた。

それが、諦《あきら》めたというサインだった。

ワープロが運び込まれようやく調書の作成が始まった。（★第二部一九九頁〈調書を作るのは取調官です〉を参照）

結局、初日と同様に、朝からの行動を話し、乗車位置を示す図を描かされた。同じ質問を繰り返し、違うところを探して突っ込む。相手の戦術が解《わか》ってしまうと、後は適切な対処をするだけだった。

そうされたら一番嫌な所を攻めるのが、私のゲームメイクだ。当日の取調べと同じ内容を、可能な限り同じ表現で話し、同じ図を描いた。

辻村のワープロは気の毒なほど遅かった。ＯＡ器機の取り扱いには、ＳＰの経験も役に立たないようだ。

暇を持て余したので、車内の私と黒坂の位置を描くように渡された紙の余りに、辻村の似顔絵を描くことにした。姿勢が固まっているため、モデルとしては申し分ない。髪の生え際《ぎわ》と修羅場を見てきたであろう目つきに特徴がある。〝98. 10. 21. Yoyogi-syo〟と書き入れ完成した。

（我ながら上出来だ）

デッサンに大きな狂いが無いのは冷静な証拠で、私はそのことに満足していた。調書ができあがり、私のサイン、捺印《なついん》を取ると、辻村は努めて無関心を装《よそお》いその似顔絵も回収していった。

その後、当時の車内での体勢再現と称する写真撮影があった。

当日とは、出《い》で立《た》ちが随分違っていた。スーツは同じ物だがしわくちゃ、ワイシャツの代わりに赤いハイネックのニットシャツ、茶色いゴムの健康サンダルである。ただでさえミジメな格好なのに、腰縄と手錠が下がっているところを撮影するというのだ。今までは割と写真好きで、機嫌良く撮られていたが、さすがにこの格好は写真に残したくなかった。長時間にわたる取調べの後でもあり、不機嫌もいいところだ。

私は事件当日、荷物を両手に持ち分けて乗車し、途中でその左右を持ち替えたと主張していた。そのため左右の荷物が入れ替わった二つのポーズの写真が撮られた。やっと終わったと思ったところで、辻村が別のポーズをしろと言ってきた。荷物を左手でひとまとめに持てというのだ。

「なんでやってない格好をしなけりゃいけないんですか？」

と抵抗すると、

「やってないなら、堂々と撮られりゃいいだろう。それとも何か後ろめたいことでもあるのか？」

と挑発され、結局、撮影に応じてしまった。

「警察のやり方〈その五〉」挑発は強要に勝る有効手段。国際ルールのバスケットならこれで退場。

後日、第二回公判で検察側の証拠として提出されたその三枚の写真には「本人の同意にもとづき撮影したもので、強制ではない」と付記されていた。

辻村の巧妙な挑発と自分の学習能力の低さが恨めしかった。

副検事

一〇月二三日、金曜。東京区検での取調べがあった。

手錠がはめられたままロープで繋《つな》がれた電車ごっこのような状態で、押送《おうそう》された十数人は地下への降り口に横付けされたバスから、非常用の鉄製階段の脇《わき》に降ろされた。ロープの一番前と一番後ろは看守役の警官が握っている。安全に階段を降りるには、

前後の一定間隔と一定のスピードが必要で、警官はさかんに、

「前の人との間隔に注意して！　一人が急ぐと、前の人にぶつかるぞ！　ひとり転ぶと将棋倒しになるからな！」

と注意を促した。実際、私の手錠に掛けられたロープが前から引っ張られ、階段を一、二段たたらを踏み、前の人の背中にぶつかり冷や汗をかいた。過去にそういった事故があったことが、看守の口調で分かった。

看守はとにかく怒鳴る。歩き方が悪い、等間隔で進め、私語はするな、など体育の授業レベルの内容にうんざりだった。長い廊下を壁づたいに進み、列の先頭が待合室のドアにさしかかった。

「第一三系統！　総員一七名！」

これでもかという大絶叫に、ふてくされ気味にうつむいていた私は、ぎくっとさせられた。体育会というより軍隊かと思われる大声だ。私も代理店に勤めていた頃は体育会系デザイナーなどといわれてきたが、その私から見てもここは特別であった。威《い》嚇《かく》目的としか思えない大声と態度。職務権限として与えられた暴力を正義の発動と信じて疑わない単純さ。奴等《やつら》にとって正義とは拳銃《けんじゅう》・警棒・手錠なのだ。逆らえば、よろこんでそれを使うのだろう。

親切のつもりなのか、押送途中のバスでも、「待合室の責任者は、警視庁の剣道の教官だから、逆らわんほうがいいよ」と警官から注意があった。ここへ連れてこられる人間のレベルの問題なのかも知れないが、看守たちがなめられたらいけないと過敏になっているさまは病的であった。

待合室は、バスケットコートがすっぽり収まる程の広さで、入り口が内外二枚の扉で仕切られていて、内側の扉は檻《おり》で守られたカウンターの中からしか操作できないようになっている。入り口から入ると左側にいくつかの檻、右側に事務を執るカウンターとに分かれている。檻の中は約一メートル幅の通路を挟み、両脇に三、四メートルの頑丈な木製ベンチ、突き当たりがコンクリート製の腰壁、その向こうがトイレという造りである。壁も床もコンクリートのむき出しで地下特有の寒さと湿気の中に部屋全体が沈んでいた。ここで問題児と同席してしまうと最悪である。看守に対して、粋《いき》がる、威嚇する、悪態をつくなどの子供じみた抵抗を試みる。「手錠かけられてんだから」と言いたくなる。向かいのベンチで、二〇代前半にしか見えない丸刈りが、隣の年寄りに盛んに話しかける。

「今って、平成一〇年すよね。自分食らった時は平成七年だったんすよ。これで入って、この間仮出所で出てきたんすけど」

と人指し指を曲げ、クリッとひねるスリのしぐさをする。

「静かにしろ!」

看守に見つかった。しばしの沈黙。上目遣いに看守が離れるのを確認すると、押し殺した声でまた話しはじめる。

「仮出所で事務所に顔出したら、お祝いって、これ食って、気が大きくなって、これやったら、内定されてこれっすよ」

覚醒剤《かくせいざい》を打って、スリを働いたらしい。そう言いながら自分の手錠を持ち上げてみせた。

「現行犯で……執行猶予《ゆうよ》も付かないっしょ。いつ戻れんすかね? 三年食らったとして、一一、一二……平成一三年……うわぁ二一世紀っすよ」

深刻そうに話してはいたが半分は自慢に聞こえる。誰かに聞いて欲しかったのだろうか。気持ちは分らないでもないが……。

朝一〇時三〇分には全系統のバスが、区検に集合する。地下に降り、ひとりずつ檻に振り分けられ、それが終わると後はひたすら自分の取調べの順番を待つだけだ。私語や、トイレ以外の席の移動は禁止。もちろん新聞も雑誌もラジオも無い。手錠は掛けられたままで食事もトイレもそのままで済ませるのだ。かつては食事とトイレのときには、手錠を外したらしいが、喧嘩《けんか》等の不祥事があってこうなったと、看守が声高に語っていた。

普段の生活でイスに二時間座り続けるという状況は、何か集中的に作業をする以外なかなか無いものだ。まるで禅修行であった。向かいの中国人は寝ていたが、私はお尻《しり》が痛くてそれどころではなかった。ジャケットを着ていても肌寒い。体を動かしたくてたまらない。ストレッチならできそうだ。手錠をしたままでどの位の可動範囲があるのかにも興味があった。結構動けるもので通常ジムでやっているストレッチの中で寝転がってやるポーズ以外はすべてできた。血液がめぐり体が暖まった。何より筋肉との対話に集中できたことが、いい気晴らしになった。

結局、午前中にはお呼びが掛からず昼食の時間になった。手錠は外してもらえないが、会社で仕事をしているとき以上に救いの時間に思えた。食事の時間中にトイレは使用禁止、同じく私語も禁止等の注意事項が述べられ、コッペパンにマーガリンとジャムが鉄格子《てつごうし》の小窓から手渡しリレーで配られる。あと、希望者には白湯《さゆ》。二個が双胴船のようにくっついているコッペパンは、ここでしかお目に掛かれないものだ。しかし、その形以上に味と香りが驚きで、小麦のいい香りと嚙《か》み応《ごた》えのある生地、よけいなものが入っていないなつかしい味がする。食べ物はかくあるべしという見本であった。

私は、会社で抹茶、菓子、給食用食品の販売を担当していることもあって食べ物にはうるさい。素材そのものの味が生きていて、口に入れたときにあらゆる細胞がそれを受け入れ、おいしいと感じるものが良い食べ物だ。これには毒になるものが入っていない、などと考えながらパンをほおばった。菌の増殖をいかに抑えるかが安全と勘違いされ、薬漬けが是とされる一般の流通では、こういうものはなかなか手に入らない。

ある大手コンビニへ弁当類を供給している会社に売り込みをかけたとき、提示された条件は異常と言わざるを得ないものだった。「摂氏二六度の室温で、六〇時間経過して、生菌の増殖がゼロ」。そう開発の人間に伝えると、それは食べ物か？　それを安全と称するのか？　と逆に疑問を投げかけられた。商業主義のためには神の摂理さえ曲げようとする。

そんな商品がテレビのコマーシャルで流れると、一店当たり二〇〜三〇食、全国で毎日売れる。それ以来、我が家では一切コンビニの弁当を食べていない。いくら添加物を入れても食中毒さえ出さなければいい、将来的に起き得る人体への悪影響などかまっていられないという考え方である。警察や官僚の不祥事に見られる「管理」と「隠蔽《いんぺい》」の履き違えにどこか似ている。業績を最優先するトップダウンに、現場は疑問さえ抱かない。仮に疑問を抱けば冷や飯食いに甘んじるだけという巨大組織共通の弊害。辻村の立場では、取調べの結果、自分の経験から照らしても奴が犯人とは思えません、などとは口が裂けても言えない訳だ。

一〇時三〇分から昼食を挟んで六時間、ようやく名前が呼ばれて、検事の部屋へ移動する。グレーのリノリュウムを貼《は》った廊下、グレーの鋼板でできたエレベーター。ペンキで塗られた壁と天井は白なのだろうが照明が暗くて確認できない。建物すべてがグレーの印象だ。六階でエレベーターを降りると右に進み廊下はすぐ左に折れる。開け放たれたドアから暗い廊下に灯りが漏れている。手錠を掛けられた私は、薄暗い無彩色の空間を歩かされながら、自分のDNAに潜む悪を暴走させる空気を感じ恐《こわ》くなった。蛍光燈《けいこうとう》がまぶしいその部屋には二人分の取調べスペースがあり、私は奥の席に連れて行かれた。

正面には旧式のデスクトップ型のワープロがあり、その向こうに、煉瓦《れんが》造りの旧裁判所の見える大きな窓を背景にして、私が最も苦手とするタイプが座っていた。不健康そうな色白の二重あご、整髪料をたっぷり付けた髪を七三に分け、縁無しめがねを掛けてその検事は書き物をしていた。右側にはいかにも書生然とした書記官が座り、書類の山が三つ程できている机で次の指示を待っている様子だった。両側の壁にはグレーのスチール棚が配され、開いた扉の中には同様の書類が山積されていた。

私は昔から肥満には過剰反応を示した。それは、どんなに言い訳してもカロリーの摂り過ぎで、働いた以上に食べているということに他ならない。ジムで、太っているメンバーを観察すると、割にまめに通って来るものの、来たことに満足してろくに運動しない。一回のトレーニングで消費されるのはせいぜい二〇〇〜四〇〇カロリー、ビール一本で元に戻り、ケーキ一個でオーバーする。燃焼効率のよい有酸素運動をして消費カロリーを計り、それを超えないように摂取カロリーを決めるという単純な加減式だ。それが実践できないのは目的意識に乏しく、我慢できないタイプと見えてしまうのだ。

ワイドショーでゲストの元裁判官が「審理の場においても、ビジュアルは重要だ」と言っていた。いかにもその犯行におよぶ人相・外見かどうかは重要なファクターになるとのことだった。ちなみに痴漢の審理においてハゲ、チビ、デブ、メガネは不利なのだそうだ。

座ってしばらく沈黙があり、

「分かっていると思うけど、黙秘権があるから、自分に不利になることは言わなくていい。で、言いたいことは？」

処理するという印象のしゃべり方で「カロリーオーバー」は聞いてきた。

副検事の今井重夫と私を並べてどっちが痴漢に見えますか？　と街頭で質問したら、大半が今井を指すだろう。

当日の朝の出来事を最初から話し、

「と言うわけで、私は犯人ではありません」

と答えた。それに対して今井は、

「あんた本当のこと言ったほうが身のためだよ。相手は顔見たって言ってんだから」

お前が犯人だと陰湿な光を宿した目が言っている。検察のほうが警察よりは話をちゃんと聞いてくれるだろうという、それまでの期待は一瞬で消えた。代わりに、星一《ほしいっ》徹《てつ》がちゃぶ台をひっくり返す場面が浮かんだ。映画なら、ここで怒った被告人が立ち上がって検事に詰め寄るのを看守が後ろから取り押さえるシーン、などと想像することで逆流しかけた血を抑えた。

深呼吸を一つ入れ、

「やってませんから。検事さんには無実の罪でこういう目に遭わされた人間の悔しさが分かりますか？」

答えに窮する顔を期待したにも拘《かかわ》らず、

「分かるよ、本当に無実ならね」

感情のこもらない声で、今井はあっさりとそう言った。

数秒にらみ合った後、しょうがないかという態度でワープロに向かうと、

「じゃ、当日の朝のことを最初から言って」

（また同じ質問だ。警察の調書との違いに突っ込みを入れるんだ）

自分で目がすわったのが分かった。今井がタイプアップする間、お互い言いたいことを押し殺した、重い時間が過ぎる。キーを叩《たた》く音とインクリボンを運ぶモーターの音だけが聞こえる。腹式呼吸で気持ちを鎮《しず》める。その方法を思い出す。気持ちは動転

していないようだ。

どんなトラップを仕掛けてくるのか、今井の次の言葉を待つ。

「じゃ、ここまでの分を読むから聞いていて。……女性のお尻に触れる位置に立った私は……」

「ちょっと待って下さい！　そんなことひとっ言も言ってませんよ！」

（ふざけんなよデブ！）

「まあ、表現上の問題だから……」

（いけしゃあしゃあと）

「直さないならサインしませんから」

切れて、殴り掛かったほうがよほど気持ちは楽だったろう。

（こいつは自分の立場を利用してここまででっちあげるのか。そうまでして犯人に仕立てるつもりか？）

顔の筋肉が硬直する。まばたきをやめて今井を睨《にら》んだ。

（コロシテヤル……）

胃袋の辺りで真っ黒い何かが渦巻いた。

（しかも、こいつの給料の幾らかが私の税金から支払われている）

このときほど役人と市民のヒエラルキーを恨んだことはなかった。

強硬に拒んで修正させる。

「じゃ、こちらで質問するからそれに答えて」

Q&Aの形式に変更してきた。

（どうせ誘導尋問だろう、その手にのるか）

問：君が今回逮捕された当日着ていたスーツの色は、普通のサラリーマンが着るスーツとは違うようだが、どうか？

答：当日私が着ていたスーツは、グレーに緑色が混ざった感じの色です。メーカーはアメリカのブルックス・ブラザーズで、この会社の定番の品です。

問：当日、調布駅から乗車した電車内に、君と同じ色のスーツを着た人がいたか。

答：特に注意していないので気がつきませんでした。

問：君は、背が普通の人よりは高いし、色に特徴があるスーツを着ていた。そして、君は、被害者の右後ろの位置に被害者と反対側を向いて立っていた。被害者は現に痴漢の被害に遭っている最中に、右後ろを見て、背の高い君の顔を見たり、自分のお尻に触っている手の腕、スーツ（の袖《そで》）を確かめているが、どうか。

答：私は、千歳烏山駅に電車が到着するまでは、進行方向左側の手摺《てす》りの近くにいました。（車内の位置から）そのときに私が、被害者の女性に触れるわけがありません。千歳烏山駅を電車が発車したころからは、その女性の右後ろに立っていたことは間違いありませんが、両手に荷物を持っていて、自分の体を支えるのに精一杯でした。女性のお尻に触るどころではありませんでした。それに、私が持っていたノートは、私がコーチしている草バスケットボールのフォーメーションを考える目的で持っていたノートです。そのときには、草バスケットボールのフォーメーションの考えごとをしていました。
問：君はバスケットなどのスポーツをやっていて腕も普通の人より太いではないか。君の荷物は、両手ではなくても片手で十分に持てるではないか。
答：片手に荷物を全部持ったらもう片方の手が空いてしまい、不自然な格好になってしまいますから、空いている方の手で車両の真ん中の吊革《つりかわ》に摑《つか》まります。このとき、私は両手に荷物を持って吊革には摑まりませんでした。また、私は笹塚駅に電車が着くまで三〇分も電車に乗っているのです。何で両手で持てる荷物を三〇分も片手で持つのですか。
問：女性の体に触るためなら、それぐらいのことはするのではないか。

答：失礼な話ですね。検事さんが痴漢をするならそうするのでしょうが、私はそんなことしませんよ。

問：その他に、君が被害者の女性に痴漢行為をしていないという根拠のようなものはあるのか。

答：私の後ろですから、被害者の女性の右隣になるところに二、三〇センチの空間がありました。私が被害者の女性に痴漢行為をやっていたとしたら、座席に座っている人から丸見えになってしまいます。だから、そんなことはやっていません。私が五万円の罰金の事件で否認を続けているのは、自分の潔白を証明したいからです。

問：被害者の女性が、君から痴漢行為をされたと言っていることについて何か思い当たることはあるか。つまり、被害者の女性が君を陥《おとしい》れようとして嘘《うそ》を言う理由があるか。

答：何とも答えようがありません。私はやっていないのですから、ノーとしか答えようがありません。

三日後の二六日にも同様の取調べがあった。この日の調書作成は更に恣《し》意的だったため、三枚の調書を作るのに九枚の原稿用紙を捨てさせた。

今井は、最後には「それに赤入れて」と私にワープロ原稿と鉛筆を渡す始末である。

（お前の仕事だろ？）（★第二部二一七頁〈検事は何をしていたか〉を参照）

こんな所で校正作業をするとは思わなかった。しかもその内容は私の今後を大きく左右する。一字一句に神経を集中させた。額に汗がにじんでいることに気づいたのは、両手で額を抱えたときだった。

（完全にミスジャッジじゃないか）

ミスジャッジは、審判が自分の視野範囲を外れた所から、想定した状況だけでファウルの笛を吹くときに起こる。審判講習会でも厳格に禁止されている事項である。審判にとって一度笛を吹いてしまったら、あとは正当性を認めさせることだけが問題なのだ。どこの世界でも、審判は自分の非を認めないものだが、今井のそれには陰湿な悪意を感じた。でもこれが現実なのだ。

（例えテクニカルファウルでも、絶対に譲れない。こんな司法試験も通っていないような奴《やつ》に、前科者にされてたまるか！）

強気な言葉が脳裡《のうり》に浮かぶ一方で、

（気の弱い人ならハイって言っちゃうよなぁ。一〇日も勾留《こうりゅう》されたら、クビだろうな、

死活問題だ）

すぐに、そんな弱気な言葉も浮かんでくる。

里心を経済に置き換えるという悪魔の誘惑にくじけそうになる場面が幾つもあった。

五時のチャイムが鳴った。今井が急にそわそわし始める。気の毒なほどの狼狽《ろうばい》ぶりで、入力ミスを繰り返す。

「ここも直ってませんよ！」

「んー、後はこっちで直しておくからさ、サインだけしてよ。みんなの帰りもあんた一人のために遅くなるんだよ」

声色まで変えて、陳腐な理由を平然と口にする。

「いやです。だったらちゃんと打って下さい」

（冗談じゃない。あんたに預けたら、何書かれるか分かったもんじゃない）

出かかる台詞《せりふ》を飲み込み、そっぽを向いた。

結局、部屋を出たのは六時近かった。地下の待合室に向かうエレベーターのドアが閉まると、大きなため息が出た。力が抜けエレベーターの壁に額を持たせると、看守

が後ろから肩をぽんと叩いて、

「ここが天王山だからな」

と声を掛けてきた。看守の思いがけない行動に戸惑った。反応が遅れて、うなずくのが精一杯だった。彼の目から見てもひどい取調べだったのだろう。でもこれでやっと帰れる、碑文谷署のブタバコへ。

二七日、区検に呼ばれ、また丸一日待たされた。

「あんた、起訴したから。それだけ言っておく」

今井はそわそわした態度で、席にも着かずそう吐き捨てた。調書の作成も無し。五時も近かったし……。

（野ざらしにして気がすんだか？）

私は一度も口を開かずに、部屋を後にした。

二六日の取調べは今井にとって不本意だったようだ。それに対しての報復は「三日間の勾留延長」だった。本来、取調べ不十分な場合にとられる措置である。裁判所が許可したのは一日だったので、あわてて「起訴」を決め、今井は休暇の旅行に出た。

（★第三部二一一頁〈二〇日で終わらぬ勾留期間〉を参照）

起訴に対して弁護士から保釈請求が出た場合、担当検事の許可が必要となる。今井は連絡がつかない状況を作って、勾留延長の許可が降りなかった腹いせをしたのだった。（★第二部二一九頁〈保釈金一五〇万円〉を参照）

事件当初、勾留は不当であると意見を述べる「準抗告」を出されると、一〇月二六日の勾留満期で捜査が終了しない可能性があるから、準抗告を取り下げて欲しいと今井が要請してきたので、中西さんはこれに応じた。にも拘《かか》わらず、一〇日間の勾留中に起訴しその後保釈する、という約束を反古《ほご》にしたうえ、こういう陰湿な手段を使ってきたのだ。接見に来た中西さんは怒り心頭で私に話した。同時に保釈を取り付けられなかったことをわびた。

手には、帰りの荷物を入れる為《ため》に用意した、赤いスポーツバッグが握られていた。

留置場

碑文谷署は東横線の学芸大学と都立大学の中間、目黒通り沿いのダイエーの並びにある。学芸大学は学生時代と上の子の幼少期を過ごした所であった。碑文谷署にも自転車の盗難届けで行ったことがあった。まさか自分がお世話になるとは思ってもみなかった。

階段をあがると、目の所だけ開くのぞき窓の付いたドアがあり、「山、川」ではないが中と外で確認事項が交換され、錠がはずされる。

全くの別世界へ通じるドアが開けられた。やくざやホモとの同室はごめんだ、あと浮浪者も臭《にお》うから困る、などと考えをめぐらすが、実際は恐《こわ》くて足が進まないのだ。しかし一番驚かされたのは、その部屋の造りだった。看守を中心に据えて、半円に並ぶ洗面用の蛇口。同心円に一メートル幅の通路。それを挟んで扇形に奥へ広がる部屋が合計五つ。普通の部屋との一番の違いは、入り口が鉄格子《てつごうし》で窓に金網がはまっているところ。全くプライバシーが無い。特にトイレはショックだった。ガラス張りの素通しで腰から下しか隠れない。こんな所で用が足せるだろうか。屈辱的だった。心配した通り最初の大便がでるまで三日かかった。消灯後も完全には暗くならない。その気になれば本も読める明るさで、最後まで寝つくのには苦労した。これ以下はないだろうというセンベイ蒲団《ぶとん》。その上、予想はしていたがダニに足を食われた。気が狂うかと思うほどのかゆみ。この環境自体が懲罰だと思った。でも慣れるしかない。できるだけ短期間でこの状況を受け入れよう。最長で二三日間と聞いている。期限付きの苦しみには、相当免疫《めんえき》があるはずだ。宗教狂いで修行好きの親父《おやじ》のおかげで、こんな所でも冷静でいられる。全く、どう感謝すればいいのか？　所有物を入れるロッカーもあてがわれた。鞄《かばん》も靴もスーツさえその中に押し込む。ゴム製の健康サンダルに履き替える。ただしそれを履くのは朝の洗面、取調べ、裁判所への押送《おうそう》の時だけ。ここでの私の呼称は一二番。高校以来好んで付けていたゼッケンナンバーに苦笑した。

その部屋では若い奴《やつ》が一人、暇そうに本を読んでいた。顔面蒼白《そうはく》で明らかに健康を害している。これから約二週間寝食を共にするのだから、話ぐらいできたほうがいいと思い、自己紹介をする。

「鈴木と言います。痴漢だといって突き出されました」

変な自己紹介だなと思う一方、ここでは気取りも気負いも必要ない、そう思うと気楽だった。彼も何かドジを踏んで来たのだから。

「自分は、Ｓです。薬で来ました」

と返事が返ってきた。目の色が印象的だった。黒目が極端に薄く、心ここにあらずという表情であった。彼は元々腕のいい内装屋で、月に五〇万以上の収入があったそうだが、つい薬を覚えてしまい、留置場は二回目だと言った。連れてこられて、もう二ヵ月になるとのことだ。

四、五日すると、Kさんという中年の親父さんが加わった。
「はい、お邪魔しますよ」

一見、実直そうな下町職人風の物腰だが、七回目の勾留《こうりゅう》だと言った。酔った勢いで券売機にガムで悪戯《いたずら》したのを現行犯で捕まったそうだ。そりゃ捕まるよ、目の前が交番だもの、その駅……。

留置生活は六時三〇分起床、洗面、掃除、朝食、次がお楽しみ「体操の時間」と称する喫煙タイムで一日二本が許される。後は次の食事まで読書の時間となる。風呂《ふろ》は五日に一回。

碑文谷署には書庫と称するスペースがあり、ハードカバーから週刊誌まで、割と幅広くストックがある。全《すべ》て差し入れだそうだ。部屋に持ち込めるのは一回三冊まで、読み終わると守衛を呼んで、本を交換してもらう。初めはなんかのんびりしていて、いいかも知れないなどと思ったが、机もイスも無いパンチカーペットを敷いただけの部屋は読書には不向きだった。留置場での生活はとにかく暇だ。暇との闘いである。実際、暇すぎて精神に異常をきたす者もいた。まさに飼い殺しだ。そんなスケジュールでは、食事が一種の娯楽となる。連れてこられた日に、いよいよ臭い飯を食べるわけだと観念したが、運ばれてきたのはごく普通の仕出し弁当だった。白身魚のフライ、肉じゃが、昆布、漬け物、ご飯にごま塩というメニューであった。しかも、かすかにだが温《ぬく》もりが残っている。先輩というのも変だが、S君に毎日こうなのか尋ねると、「だいたいこんなもんですよ」とのことであった。メインの肉魚、野菜の副菜、昆布の佃煮《つくだに》、漬け物とバランスも申し分なく、何よりおいしい。牡蠣《かき》フライが出たときには感動すら覚えた。みそ汁もインスタントとはいえ生みそで、ちゃんと熱い。これで食後にお茶かコーヒーがあれば文句無しだが、残念ながら白湯《さゆ》である。お茶やコーヒーが、安らぎやくつろぎの時間にとっていかに重要かが分かった。

弁当は地元業者が入札で納めるらしく、場所によってはひどいとか。碑文谷署は都内で一番アットホームというのもなんだが、特に食事がいいので有名だそうだ。

「碑文谷だと出たときにバカにされんですよね」

とS君が笑った。考えてみれば、取調べ中の我々は法律上シロで、それを国が預かる訳だから、丁重な扱いが当然といえば当然なのだが……。

朝昼晩のなかで、昼だけが少し修行っぽかった。食パン（あのコッペパンではない）四枚、マーガリン、ジャム、白湯。さすがに味気なかった。そのせいかどうかはわからないが、昼に限り店屋物を取ることができた。通称「自弁」と呼ばれていた。ちなみにS君は毎日自弁だった。

「外に出たら、二度と無いですから、良く味わっていって下さいね」

Kさんが冗談めかした。

（ああ、コーヒーが飲みたい）

飼い殺し、その怠惰に慣れてしまわないように注意を払った。

体力の衰えに気力がくっついて行ってしまわないように、限られたスペースで可能な運動を工夫した。五種類の腕立て伏せと三種類の腹筋、それに背筋を毎日繰り返した。苦しくなると、今井や黒坂の顔を思い浮かべ歯を食いしばった。『あしたのジョー』の歌詞の意味が、感情を含めて理解できた。高校時代、バスケットの練習中に、相手チームの誰それをイメージしろと言われたが、ここまで憎いと思ったことはなかった。その感情がエネルギーに代わることも分かった。

暇を持て余したある日、同室の二人から体験談を聞いた。

取調べの心得は？

初めに描いたストーリーを、最後まで絶対に崩さない。嘘《うそ》をつくというより、そう信じ込んでしまうこと。覚醒剤《かくせいざい》所持で、現行犯逮捕されたS君の知人は「そこの道を歩いていたら、中国人の王《ワン》さんから、劉《リュウ》さんに渡してくれと預かっただけで、中身は何か知らない」で通した。尿監査もパスしたためパイ（釈放：五本の指先をくっつけて、それをパッと開く）になったとか……三人で大笑いした。ちなみに覚醒剤が尿監査で検出されるには、注射後一定の時間が必要らしい。直後ならノーホイッスルということだ。

確かに警察の取調べなんかその程度の返事で十分だ。生真面目《きまじめ》に付き合って損したと、今なら思える。当時は私もまだ「新人」で要領が分かってなかった。

覚醒剤を打つとどうなるのか？

気持ち良くなるわけではない。頭の雲がすっかり晴れた感じで、集中力が異常に高まる。静脈に注射した数十秒後に効いたという自覚、いわゆるアタリがある。注射器に装塡《そうてん》する針のサイズが問題で、太いほうがハッキリしたアタリがある。爪《つめ》なんか切っていてアタリを見過ごすと大変で、血が出るほど深爪してしまうとのこと。せっかく打ったのにつまらないことに集中してしまうらしい。食欲、睡眠欲は極端に減少し、三日位の徹夜は普通にできる。以前、渋谷で遊ぶ女の子たちがダイエットに使っているとテレビで見た覚えがある。

禁断症状は、覚醒中の疲労が一度にドッとくるため、倦怠感《けんたいかん》、疲労感、のどの渇きは耐え難い。禁断症状から逃れるために次を打って依存症のでき上がりとなる。やくざの人たちは麻雀《マージャン》のときや、ガールフレンドと会うときに使うとのこと……凄《すご》そう。二人とも、やけに嬉《うれ》しそうに話していたのが印象的だった。潰瘍《かいよう》治療でブスコパンという筋肉注射を毎日肩に打って悶絶《もんぜつ》していた私には、注射で気持ち良くなるというのが全く想像ができない。もどかしい。

映画の趣味は？

やはり犯罪にまつわるものに興味がある。キム・ベイシンガーの『ブロンディー女銀行強盗』など繰り返し観《み》たそうだ。観た後は燃えるとのこと。三〇年程前の映画で『黄金の七人』という金塊強盗団のコメディーがあった。私も子供ながらシリーズ三作を観ていた。あんな夢のある話ならおもしろいと水を向けると、あれは全くのおとぎ話だと一蹴《いっしゅう》された。

実際に仕事を「やっつける」ときには最低一週間の周辺調査をやり、思いつきでは絶対に手を出さない。コンビニエンス強盗など愚の骨頂で、防犯カメラ、通報装置などのリスクの割に実入りが少ない。まさにマーケティング・リサーチであった。

侵入方法、金目のモノの見分け方、隠し場所、現金化の方法など、他では聞けないリアルな話だった。ノルマもあるらしい。やはり仕事はつらい。

執行猶予《ゆうよ》と禁固刑の分かれ目は？

強盗、強奪、強姦《ごうかん》等「ゴウ」のつくものは初犯でも執行猶予は難しい。空き巣、自動販売機荒らし等、直接、人体に危害の及ばないものは初犯ならだいたい大丈夫らしい。

「でも鈴木さんの場合は五万円の罰金刑でしょう。あんまり軽い奴も情状酌量付けたら、無しになっちゃうからなあ」

（とほほ……）

それ以外にも強盗計画のシミュレーション、芸能人がらみの話など、公《おおやけ》にはできない話も数々聞けて貴重な体験であった。

保釈

一〇月二九日、木曜。夕食も済み、あだち充《みつる》の『みゆき』をながめていると、「一二番！」と守衛から声が掛かった。サンダルを履き書庫で待機した。すると守衛が神妙な態度で話しかけてきた。

「何と言っていいのか、鈴木さんの場合、運が悪いというか、何とも言いようが無いですが、この後の裁判とか、とにかくがんばってください」

全く意外だった。おとなしそうな外見を本人も知っているのか、一番つっけんどんな態度をとっていたその男から、さん付けで呼ばれるという不意打ちに呆《ほう》けてしまった。私は返事の代わりに笑顔でうなずいた。

逮捕されたときに没収された荷物の一覧表と現物の照合があり、確認のサインをして拇印《ぼいん》を押す。スーツの上着だけは証拠として検察にいっていた。「儀式ですから」と手錠と腰縄が、緩く掛けられる。同室のS君、Kさん、隣の部屋の中国人Gさんに、頭を下げて挨拶《あいさつ》をする。みんなが鉄格子《てつごうし》に顔をくっつけ、笑って見送ってくれた。でもその笑顔はどこか寂しげだった。

昨晩、就寝前の一番暇を持て余す時間にKさんが話し始めた。

「明日保釈ですか。いいなあ……。まあ鈴木さんも何かがあって、こういう所に入れられたわけだから、たとえ、冤罪《えんざい》であったとしてもよ。その意味をご自分なりによく考えて、俺なんかが言える立場じゃないんだけど、まあ今後の人生に役立ててくださいねえ。お子さんもいることだし二度とこんなとこに来ないように、とにかくお元気で、がんばってくださいね」

Kさんは数日前ここで誕生日を迎えた。私はお祝いのつもりで、普段頼まない自弁のカツ丼《どん》を取り、半分こしようと勧めたが、彼は頑《かたく》なに断った。これ以上は怒りを買うことになるという所で諦《あきら》め、ひとりで食べた。そんな出来事が不意に思い出された。警官でも検事でもなく前科六犯のKさんから言われた言葉は浸《し》みた。S君も下を向いて神妙に聞き入っていた。全くその通りだよなあ、と素直に思えた。

「外で遭ったときは、知らんぷりしないで声掛け合いましょうね」

そう言って二人に握手を求めた。

覗《のぞ》き窓のあるドアの外には九州の出だと言っていた眼鏡をかけた中年太りの守衛がいて、愛想良くハイハイと言いながら手錠と腰縄を外してくれた。

「そちらのエレベーターを使って降りてね。目の前が玄関だから」

バッグを担《かつ》いで守衛とその上司におじぎだけしてエレベーターで階下に降りた。一階に顔見知りの守衛がいるかと探したが見つからず、そのまま外に出た。

一〇月一六日に捕まってからちょうど二週間が過ぎていた。

目の前の公衆電話から妻に電話をする。彼女はどうしても迎えに出るという。

（外だ！）

「五日も風呂《ふろ》に入っていないから、すっごい臭いと思うよ。一緒だとはずかしいでしょ。それに遅いし……」

そう言ったが聞かなかった。午後九時三〇分に明大前で待ち合わせた。

S君から頼まれた伝言の電話を済ませ、コーラの自動販売機を探す。レギュラーかライトかさんざん迷ってライトにした。ワクワクして喉《のど》に流し込む。

（あんなに飲みたかったのに飲んでみるとこんなものか）

その味は全くの期待外れであった。

学芸大学の見慣れた駅で切符を買い電車に乗り込む。

（俺は今シャバに出てきたばかりなんだぞ）

レベルの低い優越感に浸るが、自分の臭《にお》いが気になった。一〇年前には通勤に使っていた電車と駅。井の頭線への連絡通路は様変わりしたものの、慣れているはずの通路を歩くのに、冠婚葬祭や発表会に向かうような緊張感がある。午後九時三七分の急行に乗る。遅刻だ。なるべく空《す》いているところを選んだ。こんなに緊張感をもって電車に乗るのは初めてだった。人との距離を測りつつ、吊革《つりかわ》につかまる。明大前に到着。京王線との連絡通路に上り、コーヒーショップの前を右に折れる。数段の下り階段の向こうに妻の姿を見つけた。

彼女は一瞬、戸惑ったような表情を見せた後、にっこりと見慣れた笑顔を作った。階段を駆け下り、右手を上から降ろして胸にあてる舞台挨拶のようなおじぎをする。

「お待たせしました」

「おかえり」

手をつなぎ顔を抱き寄せた。

結婚して一五年、彼女の顔が見えない所へ二週間も引き離されたのは初めてのことだった。手をつないだまま、下りのホームへ向かう。世の中で最も私のことを心配してくれている、ある意味、母親のような存在。もっと感情が高ぶるかと思ったが、そうでもなかった。会社はどう判断するのか？　子供達はどう思っているか？　彼女の両親と妹夫婦に借りた保釈金、弁護士費用の返済は？　これから始まる裁判は？　檻《おり》からは出たもののすべてがペンディングという状況が感激にブレーキをかけた。

処分

帰宅して、まるでやくざみたいだと思いながら、保釈の報告を田村課長にすると、留守番電話だった。二時間程して「出張から今帰った」と折り返しの電話をもらう。「明日は絶対来なくちゃだめよ。潔白を主張してんだから、変に休んだりすると、また何言われるか分かんないよ」

気は進まなかったが、田村課長の言うことを聞いていれば間違いないというのが、食材課の合い言葉だった。

妻が用意してくれたおろし立てのボタンダウンとクリーニングした紺のスーツに着替え、社章を付ける。家から社章を付けるのは久しぶりだ。もしかすると初めてかも知れない。いつもより二〇分早く家を出た。駅までの道に、観音像の立つ手水《ちょうず》があり、地元の人は水を掛けお参りしている。娘も幼稚園に通うとき私のお友達といって挨拶《あいさつ》していると妻から聞いて、それ以来私もお参りを欠かしていない。

平成七年に希望した特販部にようやく配属されたものの全く成績を上げられず、半期ごとに異動の心配をしていた。心の平安に少しでも役立てばとの思いであった。始めてみると不思議なもので、同じはずの観音像の顔が日によって変わって見える。

満面の笑み、苦笑い、半べそ、怒り顔などである。心の状態の反映なのだろうか。

その日は半べそで笑っていた。

用心して各駅停車に乗る。その為《ため》に家を早く出た。車内は空《す》いていて本が自由に読める。初台《はつだい》で降りる。通い慣れた道。近くの高校の女生徒が二人、私の前を行く。角を右に曲がると工事中で七、八人の作業員が待機している様子で、しゃがんだり立ち話をしたりしていた。山手通りに出て左に折れ、だらだらと坂道を下る。玄関が近づくと、野上部長の顔が見えた。よりによってと思ったが、エレベーター前で一緒になったので挨拶をする。

「どうもご厄介おかけしました」

野上部長は何か言いたそうだったが、侮蔑《ぶべつ》を込めた一瞥《いちべつ》を投げつけ、何も言わずそっぽを向いた。

エレベーターを待っていると、部下の小森と小澤が一緒になり、

「もう大丈夫なんですか？」

と声を掛けてくれた。

田村課長の取り計らいで、伝染性の病気入院と聞かされているらしい。（★第二部二〇八頁〈会社に内緒が難しい〉を参照）

「はい、無事に戻ってきました」

と笑顔を作るものの、いない間のことは全く分からない。たとえ入院中でも電話くらいかけられるわけだから、おかしいと思うのが普通の感性だろう。見舞いにもいけない伝染病って何だ。やはり繕いきれない。

部屋に入る。別に懐《なつ》かしいという感情もわかない。抱えている問題が大きすぎて感慨に耽《ふけ》るどころではなかった。席に着いて引き出しをあけてみる。記憶にある筆記具や名刺などは最後に目にしたままだった。

そこへ加藤部長が入ってきた。とっさに立ち上がって挨拶をする。一瞬、彼の表情が固まったのを見てしまった。彼は思い直して、誰にというのではなしに、おはようと言った後、

「もう、大丈夫なのか？」

と私に声をかけ、すぐに会議室へ呼び出した。

「どうなっているんだ？」

顔色は気の毒なほど蒼白《そうはく》だった。ミスター特販と称され、その手腕は業界でも有名だが、こういう場合の対処法はまだインプットされていないようだ。

「保釈で出てきてます」

「それは起訴ということか？」

「そうです。これから裁判で白黒つけます」

「何とも言いようがないし、何も力になってやれないが……」

「それはもう……」

会話が途切れる。

加藤部長は目線をテーブルに落として考え込んでいる。決意したように大きく一つ息を吐《つ》いて話し始めた。

「いずれにしろ、会社に対して迷惑をかけたことは事実だ」

「分かってます」

「すーさん辞表を書くつもりはあるかい？」

「私も経営者のせがれで育ちました。会社がどういうところか、分かっているつもりです。ただ、我がまま言わせてもらえるなら、結果が出るまで待っていただきたいというのが本音です」

「そうか……たばこ吸うかい？」

私が礼を言ってマイルドセブンを一本抜くと、彼はすかさず火をすすめ、自分も一本くわえて火をつけた。

「いない間のことは入院ということになっているし、得意先も田村課長と俺のほうでフォローしているから心配ない。ただ問題の性質上、各課の課長には本当のことを知らせてある。で、警察や相手さんとはどうなっているんだい？」

当日の朝からのこと、無罪を主張していること、これから裁判になることを話した。

「相手さんとの和解の道はないのかい？」

「この場合被害者が訴えているのではなくて、警察と検察が訴えているので、仮に和解したとしても裁判の際の証拠にしかならないそうです」

「で、今後のことだけど、お前さんはどう考えているんだい？」

「私は絶対やっていませんので闘います。もし信じていただけるのなら、今まで通り仕事をさせてもらいたいと思ってます」

「そうか、分かった。従前通り働きたいということだな？」

「はい」

「でも裁判とかどうなるんだい？」

「弁護士から聞いているのは一回目の公判が今年の暮れか年明け早々だそうです。後はどれくらい掛かるか分からないそうです」

彼は二本目のマイルドセブンに火をつけ、私にもすすめた。

「相当難しい仮定だけれど、俺なら裁判の期間中は辞職して、潔白が証明された時点で、また改めて会社に再就職をお願いするという道を探るけど、どうだい？」

「信じてくれと言うしかないんですが、私は潔白ですから、辞める理由はないと思うんですけど」

「しかし、さっきお前さんも言ったけど裁判とかで、抜けなけりゃいけない訳だろ」

「有給の範囲で行けると思います」

「いずれにしろ、会社に迷惑が掛かることに変わりはないし、最悪の場合有罪だってあり得るわけだ。いいかい、そうなったら得意先はなんて言うか考えてみてくれ。痴漢の犯人を営業で使ってたのかってことになるんだよ」

そこまで言うとさすがに言い過ぎたと気付いたのか、声のトーンを落とした。

「そんなことはないと思うけど、最悪の場合ということで……ところでお前さん蓄え、貯金とか株とかはあるのかい？」

(来た。辞職勧告)

予想はしていたがやはりショックだった。

社規によれば「第一〇章　懲戒　第七〇条（諭旨解雇、懲戒解雇）次に該当する行為のあったときには懲戒解雇に処する。ただし、特に情状酌量の余地があるか、もしくは改しゅんの情が明らかに認められるときは諭旨解雇にとどめることがある（中略）〔一〇〕刑法上の罪に問われ、会社の名誉信用を傷つけ、又は社員としての品位を害したとき」とある。この日まで気にも留めなかった。起訴＝犯人ということなのだ。

（世間ではそうだよな……）

トラックを運転して店回りや自動販売機の補充に従事する営業は現金を扱う。中には不心得者がいてそれに手をつけてしまう。大体が社内処理でクビにして、表沙汰《おもてざた》にはしない。警察沙汰と言っても交通事故や違反がせいぜいで、おそらく創立以来の不祥事ということになるのだろう。あくまでクロを想定した場合であるが……。

小一時間の話が済んで加藤部長は退室した。一人で部屋に残されるというのは本当に心細い。孤立無援を演じる舞台はいつも、理不尽に向こうの都合で用意される。

人事部統括の江藤役員からお呼びが掛かったと、加藤部長が呼びに来た。エレベーターで三階へ。着いてすぐトイレに行った。用を足し始めると広報室長が入ってきた。会社の裏も表も知り尽くした生き字引だ。いい年だが独身、ある意味、彼こそ生涯をかけて会社に尽くす社員の鑑《かがみ》だ。

「よう！　元気か？　大変な目にあったな？　大丈夫か？」

（この人もう知っているのか。当然だよな）

「あんまり大丈夫じゃないですよ」

「そりゃ、そうだ」

と愛嬌《あいきょう》タップリの笑顔を返してきた。

久しぶりのまともな会話、それは私を一瞬だけ勇気づけた。

別階の初めて見る応接室はやけに広かった。

（こんな部屋があったのか……）

江藤役員はいつもの調子でドアを開け沼田人事部長を伴って入って来た。薄情そうな細い目、はげかかった頭。その声には張りと切れがあり、知的な軍人を思わせる。

（今日で最後かな）

半分覚悟を決め第一声を待った。

「まあ、取りあえずあなたの言い分を聞こう。もちろん警察からの話は野上部長を通じて承知してるつもりだ。ただ人事部というところは性格上、双方から話を聞くというのが筋でね。俺自身この件については、いまいち納得できていないところがある。警察がそう言っているから間違いないといわれてもなぁ……まぁ、野上さんはそこの出身だから〝昔の仲間の言うこと〟になるんだろうけど。とにかく君の話を聞こう」

（あいつのせいだったのか。挨拶《あいさつ》なんかしなきゃ良かった）

今朝エレベーター前で野上部長に無視されたことが頭をよぎった。

さっき、加藤部長にしたのと同じ内容の話を繰り返した。これだけ短時間に同じ話をすることには、違和感が付きまとう。それは警察の取調べで感じたのと同じ種類のものだった。

沼田部長は終始無言で、時折メモを取っている。

私の話が一通り終わると江藤役員は、

「……ってことは、触っている手を摑《つか》まれたわけではないのか」

沈黙の時間が流れる。

ドアがノックされる。女性社員がお茶を持って入って来た。お茶を供する音だけが広い応接室に響く。尋常でないその場の空気は変わらない。彼女の退室を待って話が再開された。

「知っての通り社規によれば懲戒解雇だ。ただ今回は全くはじめてのケースで、君自身、無罪を主張しているから、そっくり適用するのも難しい所があるんだ……それにしてもよく二週間も突っ張り通したなぁ」

全く意外な展開であった。結局、一回目の公判で様子が分かるまで三ヵ月の自宅謹慎と決まった。無罪かも知れないが、得意先に知れることを考えると今まで通りというわけにもいかないということで処分保留となった。給料も従前通り。

（助かった！）

まさに地獄に仏であった。四年前の異動のときには、この薄情者と思ったことを直ちに訂正した。

「遊びまわらないでくれよ。毎晩飲み歩いてもらったんじゃ、何が謹慎かってことになるからな」

江藤役員はそう付け足して笑った。一日最低一回の連絡が義務づけられた。連絡がつかなくなった時点でクビとのことだった。

部屋に帰り「実家の父が倒れ、その都合で長期休暇を取る」と部員ひとりひとりに挨拶をして帰路についた。腐っていてもしょうがない、どう過ごしても休みは休み。悔いなく過ごせるように気持ちを切り替えよう。明日から三ヵ月の有給休暇だと自分を励ました。

謹慎生活

二四歳で就職して以来の長い長い休みが始まった。子供たちには別々に事情を説明した。事件を知る上の娘には自宅待機、何も知らない下の娘には家で仕事をすることになったと告げた。

下の娘はなぜ急に二週間も居なくなったのか、なぜ電話もしなかったのかと問いつめてきた。

「急に外国に行くことになって、連絡できなかったんだ」

と苦しい言い訳。

「電話くらいあるでしょ？」

「電話は……直通が無くて、交換手に電話番号を言わなくちゃいけなかったんだけど、家の番号を英語で言えなかったんだよ」

（頭悪そう……）

しばらくして、彼女は自宅の電話番号を英語で教えてくれた。私は妻と目を合わせて苦笑した。娘は妻から私の二週間の留守を告げられた後、一度もその理由を問い質《ただ》すことがなかったという。「彼女なりに我慢していたはずだ」と妻は言った。降って湧《わ》いた三ヵ月の休暇だが、もちろん外出ははばかられる。取りあえず、家事に専念することにした。ぼうっとしていると、黒坂のことや取調べのことを自然と思い出してしまう。悔しさで震えがくるというのが本当にあることを知った。

翌日から主夫としての生活が始まった。

午前六時に起きテレビのニュースを見る。六時三〇分から勤めにでる家内の弁当と、みんなの朝食準備。家族を送り出し、八時から洗濯機を回し、ワイドショーを見る。一〇時三〇分から買い物。テレビでも話題になったディスカウントストアまで、二駅分自転車を走らせる。

妻が聞いてきた噂《うわさ》では、保釈中の人間は常に警察から内偵されていて、自転車の無灯火や信号無視など、普段何でもないような細かいことで、再逮捕されるらしい。

そんな状況の中で、買い物は唯一《ゆいいつ》の気分転換であった。

外出から帰宅するとお昼の準備。それを食べながらバラエティー番組かレンタルビデオを見る。掃除は苦手で二日おき。ビデオを返却に行き午後四時までに帰宅。四時三〇分に下の娘が帰宅、ゲームをしたり、散歩をしたりで六時まで過ごす。娘が宿題をしているときはおやつ作り。クッキーを覚えた。七時からは夕食準備。カレー、ハンバーグ、コロッケ、豚の角煮、天ぷら、鯨の竜田揚げ、ピザ……思いつく限り作ってみた。パンにも挑戦したが、これだけはだめだった。二次発酵がうまくいかない。『おそうざいのヒント365日』という本を頼りに、新しい料理にもチャレンジした。ローンの返済、学費、光熱費、通信費などさっ引くと二万数千円しか食費に充《あ》てられない。一家四人一日千円未満、今までどうやっていたのか不思議な程だった。米を主食にすると必ず「おかず」がいる。焼きそばやうどん、パスタやグラタンなど単品で主食になるメニューが安上がりと気がついて、大発見した気分だった。さっそく妻に報告すると「なるほどね」と賛同を得た。

生産性のない仕事。まさに家事はそれである。

想像力が欠如すると、あっという間に飽きる。掃除や洗濯など一日さぼっても、さしたる影響は出ない。話し相手もいない。暇に飽かせて部屋の模様替えもしたが、毎日できるものではない。

ある日など午前八時のワイドショーから昼の映画まで見続けてしまい、午後四時の時報に愕然《がくぜん》とした。主婦の浮気や売春など社会問題として取り上げられるが、その原因の一端を見た気がした。前向きな想像力が、金銭的な生活苦によって欠落してくるのだ。自分が専業主夫を務めてみて、実に楽しそうに家事をこなす妻の偉大さに改めて気が付いた。

その単調さに辟易《へきえき》しながらも、焦《あせ》りや苛立《いらだ》ちは、家事にかまけている間だけ忘れることができた。

そんなある日、義父から電話が入った。

「あっパパ？　どうなってんだいや！　なんも連絡くれないから、どうなってんだろって気がもめてさ。お母さんは心配して血圧が上がるしさ……おお！　しっかりしてくれいや！」

最後のほうは涙声になっていた。

「ご心配おかけして、すみません」

そう答えるのがやっとだった。それだけ聞くと義父は義母にかわった。

「どうなの？　大丈夫なの？」

「はい、裁判自体は二ヵ月から三ヵ月に一回のペースでしかやらないんで、何も報告ができなくて……」

「そうなの、困ったねえ。ちょっとかわってくれる」

そう促されて妻に受話器を渡した。

結婚式で「娘を泣かすようなことだけはしないでくれ」という義父の言葉に、凄《すご》みを感じたのを思い出した。娘の幸せだけを願って止《や》まない義父に、相手の勘違いで私のせいじゃないですよ、などとはとても言えなかった。今の私にはどうすることもできない。本当に申し訳無かった。

事件の少し前から妻も勤めに出るようになっていたため、学校行事が大問題となっていた。勤めとはいっても契約社員の身の上。欠勤イコール減給というシビアな現実がある。正直なところ事件の前には、営業の途中で学校に寄り、授業参観などして、また仕事に戻るということもあった。

しかし、この日からはそれが完全に私の役目になった。

娘は喜んでくれたが、如何《いかん》せん他の母親たちの目は気になった。

「今日はお仕事、お休みですか？」

「はあ、仕事を家でするようになったもんで……」

などと苦しい受け答えを繰り返した。リストラの憂《う》き目というのもこんなものだろうか？　当面の金の心配が要らないだけ、まだましと考えるように努めた。

それでも学校に行くのは楽しかった。子供たちとのふれあい、数々のイベント、先生や父兄の観察、子育てに参加している手応《てごた》えに充実感を覚えた。

しばらくして、上の娘から、自分のときと随分違うではないかとクレームが出ていると妻から聞かされた。もっと早くこんなことになる前に、いやそれよりも上の子がもっと小さいときからこうすれば良かったと、今更ながら悔やまれた。

突然会社から消えたので、自宅の番号を知る人たちから問い合せの電話をもらった。何人かには本当の事情を話した。その中の一人に、以前から印刷の仕事をお願いしていた会社の女社長がいた。彼女は経営者の娘として育ち、旦那《だんな》さんを婿《むこ》にもらい家業を継いでいた。年が近いことと、経営者の子供で躾《しつ》けられたところに共感し、五年来のつき合いをしていた。また、私のディレクターとしての資質を買ってくれてもいた。

「で、本当のところはどうなの？　やったわけ？」

「だったらとっくに五万円払ってますよ」

「ふーん、こりゃ人間虐待《ぎゃくたい》試験だな」

というのが彼女の感想だった。すべての事情を話し、丁稚《でっち》にしてもらうことになった。

　制作の手伝いをし、仕事の無い間はマッキントッシュの勉強をさせてもらった。丁度ハードが普及し始めた頃に会社を移ったので、浦島太郎状態だった。不安はあったが、いざ始めてみると時間の経過が早い。夢中になっていた。長いこと忘れていたワープ感覚を思い出した。同時にディレクターのカンを徐々に取り戻した。収入は無かったが、上場企業の課長では味わえなかった仕事の手応えがあった。

　特販部で一緒だった奥田も連絡をくれた一人だった。

　大学までアメリカで過ごした彼も私とは違う意味で問題視されていた。全く別の方向を見ているのが、誰の目にも明らかだった。彼の電話は退職のあいさつであった。久し振りだし話もしたいので新宿で会おうということになった。会社の人間と会うのはいつ以来だろう。南口で待ち合わせて「ハイチ」に入った。ドライカレーと深煎《ふかい》りコーヒーが有名な店だ。事件のこと、起訴のこと、勾留《こうりゅう》のことなどすべてを話した。

　彼の父親は弁護士だった。それもあって、安心して話すことができた。

　奥田も会社には馴染《なじ》めなかったと話していた。営業をサボって風俗の店に行った話などを聞き、私も同様にジムに行っていたと白状して笑いあった。彼はこれから、貯《た》まった金で目的地無しの海外旅行に行くと言っていた。正直うらやましかった。

「一緒に、なんかでっかいことやりましょう。帰ってきたら連絡しますよ」

そう言い残して旅立った。彼の言葉に期待や希望をかけることは無かったが、そう言ってくれる気持ちがうれしかった。

今しかできないことは全部やってしまおうとあがいた。

ひげを伸ばすことから作品の制作、売り込みまで思い付くままに挑戦した。作品は河原で拾った石のディテールを生かしたオブジェである。作品はすべて先輩カメラマンのサトルさんに撮影してもらい、いつでも印刷で使えるようにした。地元のフリーマーケットや露店で売った。

なにもかもが新鮮だった。

露店は毎週土曜と決め、作品とコーヒーのポットをバッグに入れて電車で表参道に通った。折たたみ式の展示台も作った。トイレの問題があり、同潤会アパートの公衆トイレ前に店を張ったが、立ち寄り率が異常に悪い。隣のネームカード屋は雑誌に紹介されたらしく、みるみる売り上げていく。それを横目に、私は何人に一人の割合で立ち止まるかを数えていた。一〇〇人に一人が立ち止まり四〇〇人に一人が値段を尋ねた。その中に一組の初老の夫婦がいた。こぎれいに着飾ったそのご夫人は、そこまで食事に行ってくるけど、いつまで店を開けているかと聞いた。私ははりきって、帰って来るまで待つと答えた。辺りが暗くなり始めて作品が見えなくなるまで待ったが、結局戻ってこなかった。

一つも売れず、そろそろ潮時と思ったときであった。お世辞にもきれいとは言えない身なりの壮年の親父《おやじ》が通りかかった。大袈裟《おおげさ》なポーズで石を覗《のぞ》き込み、

「こりゃあ、すげぇ」

と盛んに褒める。その声の大きさで通行人が振り返るほどであった。

「原宿ピカソ」と名乗るその親父は、昔、この界隈《かいわい》では有名なアーティストで、取材も受けたことがあると自己紹介した。薄汚れたランチコートをはおり、垢《あか》で汚れたジョーゼットのスカーフをリング状に結び、無精髭《ぶしようひげ》には白いモノが目立った。彼は私の顔を覗き込み、盛んにいい男だとのたまう。

「あなたは全世界の王となるべき人だ。しかし、その為《ため》には知らなければいけないことがある！」

などと「天上界の真理」なるものについて説き始めるのだった。

はじめはただのアル中と思ったが、話はまともで、私が親父に強制された宗教の修行でさんざん聞かされたのと大体同じ内容であった。

露店で売った石のオブジェ

「あなたが幸せでなくて、なんで世界の人々を救えるんだ？　そのためには、まず奥さんを大事にしてやらにゃあ」

そう言い残してまた会おうと、宗教新聞を置いて帰っていった。薄汚れた風体と壮大な話のギャップを受け入れ切れず、私は唖然《あぜん》として見送った。その後も、彼は缶コーヒーやタバコをすすめながら商売の様子を尋ね、最後に「全世界の王様」と励ましてくれるのだった。子供の頃、母親に読んでもらった物語に登場する魔法使いや妖精《ようせい》は世間の目を欺《あざむ》くため、汚い格好で主人公の前に現れる。彼がそうだったらなどと想像して自嘲《じちょう》した。

翌週からは「キディランド」の前に河岸《かし》をかえた。原宿駅と表参道駅からの谷底に当たる。水は高きより低きに流れる、人も金も同様……と期待した。しかし熱心に見てくれるのは子供と子供の心を持った若者だけ、大人にとってはただの石ころにしか映らないらしい。それればかりか母親たちは「触っちゃダメヨ！」と、ほとんど叱責《しっせき》に近い注意をする。どうやら壊したとイチャモンをつける類《たぐい》と思われたらしい。母親本人が着飾った親子ほどこの傾向は強かった。

三月の風はまだ冷たく、太陽が顔を出すとそれだけで嬉《うれ》しかった。

結局、まともに売れたのは、黒い石で作ったテディベア一個だけだった。ディパックを背負った白人の夫婦が三〇〇〇円で買ってくれた。吹きっさらしの中をがまんした売上で、付き合ってくれた下の娘と食べたその日の夕食は、焼餃子《やきぎょうざ》と水餃子、そして白いご飯。自分の作品で稼いだ日銭で食べる初めての飯の味は格別だった。

元々表参道では販売、展示が禁止されていて、警官が形だけ注意して回る。露店の仲間は見回りがいつ来たか、次はいつ頃回って来るか情報交換する。しかし、その日はいつもと違った。禁止を一言告げ、駐車違反摘発の要領で、チョークの印を付けて引き上げていった。となりで自分の撮った写真を展示している私より少し年上のカメラマンは、

「どうせ脅しだよ。捕まったって始末書かくだけだから」

そう言いながら靴の裏でチョークをもみ消した。私は笑って聞き流したが、出がけに妻が口にした「いやな予感がする」という言葉を思い出し、取りあえず隣へ三メートルだけ移動した。駐車違反回避の要領だ。露店はいつもの平静を取り戻して、小一時間が過ぎた。

突然サイレンを鳴らして四台のパトカーがキディランドに横付けされ、分乗した十数人の警官がいっせいに飛び出して、露店の仲間を取り囲んだ。警官はカメラマンに書類を突きつける。私は内心、飛び上がり、急いで店をたたんだ。作品のいくつかが

壊れた。私の隣では押し問答が続いている。警官は私が視界に入っていないかのごとく、こちらを見ない振りをしていた。妻の心配が当たった。私は慌《あわ》てるな慌てるなと念じながら荷造りをして裏原宿を渋谷方面に向かった。三メートルの移動で事無きを得たと妻に携帯で報告をしたが「もう露店はあきらめて」とくぎを刺された。なにしろ公判中の身である、警察は大喜びで私をしょっ引くであろう。計五回の出店だった。総売上げ三〇〇〇円、商売は難しいと痛感した。それでも度胸だけはついた。

初公判

その日の朝、妻は出勤の支度をあわただしくしながら、

「ちゃんと遅れないで行くんだよ！　一緒に行こうか？」

「大丈夫だから、心配すんな」

と追い立てるように妻を送りだした。出発の時間までできることはやっておこうと食器を洗い、ほうきで部屋と廊下を掃いた。これから法廷に出向き証言台に立つ。その姿が今朝になってもうまく想像できなかった。

一昨日《おととい》の誕生日に妻がプレゼントといって渡してくれたラルフ・ローレンのシャツ

に袖《そで》を通し、ブルックスのスーツに紺色のネクタイをしめる。「真面目《まじめ》そうな印象で」と、升味さんから助言され、妻が選んだ組み合せだった。久し振りのスーツが事件の記憶を刺激する。怒りが甦《よみがえ》る。

今日がはじめての出廷ということで、神谷町《かみやちょう》の中西さんの事務所に集合してから裁判所に行くことになっていた。

霞ヶ関まで一駅、A1の階段を上ると右手の目の前が東京地裁である。道をはさんで左手には検察庁。六階の左側、今井の部屋をにらみつけた。

初めて法廷というところに立たされた。留置場や取調室など立て続けに珍しい体験をしてきたし、そういう場面は、映画でもテレビでも山ほど見てきた。にもかかわらず「被告人前へ」と呼ばれたときには、既に額に汗がにじんでいた。

「被告人」はある意味、犯人より印象が悪い。「犯人」になってしまうと、その生い立ちや社会的な不遇など、やや同情的な報道もされる。しかし被告人に関するそれは「うそつき」「あつかましい」などの印象だけを残す。

のどの渇き、肝臓に悪そうな汗、傍聴人の視線、法廷での闘いが始まったばかりなのに、己の小心にため息がでる。

人定質問（通称じんしつ）が始まる。

「名前は？　住所は？　本籍地は？　職業は？」

などの基本的な質問だけなのに、

「もう少し大きい声で話して」

裁判官から小学生が受けるような注意をされ、背中に汗が流れる。

（全く、なんだこのザマは？）

第一回公判というのはいわば顔見せと、宣戦布告のようなもので具体的な内容には触れない。裁判が始まる一ヵ月程前の打ち合わせでそう聞いていた。打ち合わせは中西さんの事務所で行われた。神谷町からすぐの貸ビルの六階に中西さん、八階に升味さんの事務所があった。

「初めまして升味ですう。どーも、この度は大変な目にお遭いになって……」

テーブルに三つ指をつき、首を絞められたような低音から、頭から抜ける高音まで、器用に声色を使い分ける彼女の挨拶《あいさつ》はユーモラスだった。依頼人をリラックスさせる気遣いなのか地なのか判断しかねる。洗いざらしの木綿のようで飾り気や気取りがない。頭を掻《か》く癖があるのだろう、少し白いモノが交じる髪の右側だけが乱れていた。

升味さんとはそれが初対面であったが、小学校の先生に会うような懐《なつ》かしさがあった。感情表現が豊かで、机に突っ伏して悲嘆に暮れたかと思うと、手を叩《たた》いてのけぞって笑う、重たい話題のショック・アブソーバー役としてもうってつけであった。そして、なにより妻の立場を良く理解してくれていた。

一方、中西さんは非常に冷徹な一面を持っていた。それは状況判断において、特に顕著に現れた。

「証拠不十分で無罪、もしくは痴漢という犯罪そのものが存在しなかった、つまり女性の勘違いというところが、着地点だろう。あっちにも証拠なんか無いんだから」

（★第二部二三六頁〈女性はなぜ鈴木さんを犯人と思ったのか〉を参照）

聞き方によっては、お前が犯人かどうかはどうでもいいとも取れる。あまりの冷徹さに、私のこと、本当に信じてくれてます？　などとバカな質問さえ出そうになった。裁判を闘うというニュアンスのようなものを初めて感じた。それは正義の発動というよりは勝つための手段、その戦略という現実であった。当然金もかかる。

ワンルームの事務所でパーテーションにメジャーを配して私が立ち、黒坂を想定した事務員と並んで、腕とおしりの位置関係を示す写真を撮影した。それで初回の打ち合わせはお開きとなった。

次回公判の期日が決められ、一回目はわずか一五分ほどで閉廷となった。いつものことだが、初めてのことには異常に緊張する。閉廷を告げられると下着は汗で湿っていた。

江藤役員、沼田人事部長、天下りの野上部長の三人と、我々三人は控え室に集合して名刺交換をした。江藤役員は開口一番、

「会社の名前が、ああハッキリ出るとは思わなかった」

と感想を述べた。

江藤役員に、中西さんから状況説明がなされた。私では現状や今後の進展などちゃんと説明できないからとお願いしたのだった。公判中は法律上「シロ」だし、裁判自体も二〜三ヵ月に一回、半日で済むから二月からは、鈴木を職場復帰させてやってくれと頼んでくれた。

「世間的には、起訴された人間はグレーもしくは黒ですよ。まして営業職の彼に歩き回られて、噂《うわさ》でもたった日には大ごとですから……無理でしょう」

江藤役員の反応は冷たかった。沼田部長は考え込んでいた。野上部長は不愉快な視線を送ってくる。

（助けてくれんじゃなかったのかよ）

急成長を遂げ、社長の予告通り最短の二年で東証二部から一部に上場、業界でも勝ち組ともてはやされ、のりにのっている時期に降って湧《わ》いた災難と映ったのであろう。社風として公表している「人を人として遇する」というのはこういうことなのか。捕まったらたとえ、冤罪《えんざい》でも人として扱われないのか？

私は自分が置かれた状況さえ説明できないほど無力であった。

結局、結論は持ち越され、役員たちとはその場で別れた。

いつまでかかるか見当もつかない長い裁判が始まったばかりなのに、控え室には白けた空気が流れた。江藤役員の返事は、戦意を著しく喪失させるものだった。

仕打ち

一月一八日午後一時に会社にくるようにと呼び出しがあった。三〇分前に到着、できるだけ明るく「どうも、ご無沙汰《ぶさた》しまして」と声を掛け部屋に入る。

部屋に居る全員の視線が一瞬集まり、サッと逃げていく。小学校の頃、何度か経験したハブ（村八分）の雰囲気だ。上田常務、加藤部長、田村課長の順に一言ずつあいさつした。女性社員がお茶を出してくれる。一〇月三〇日、勾留《こうりゅう》後の初出社の日に頼んだお昼代が借りっぱなしだったので返した。いつもの風景だが部屋の空気は明らかに違う。

昼休みが終わると加藤部長に促され三階の応接室へ向かう。途中、女性の広報課長が私の顔を見るなり「鈴木課長！　大丈夫ですか？」と声を掛けてくれた。久しぶりに感情のこもった声を聞いた気がした。笑顔でうなずきながら、

（俺のこと、なんて聞いてる？）

そう聞いてみたい衝動を抑える。

自宅謹慎を言い渡された応接室。加藤部長と二人で江藤役員を待った。彼は入ってくるなり、

「なんのつもりだ。少しはこっちの立場も考えろ。この措置が当たり前と思われちゃ困るんだよな」

静かな口調だが、明らかな怒気を含んでいた。

第一回公判の後、弁護士との話し合いの中で会社は間違いなく辞めるよう言ってくるからと注意を促された。そのときには必ず向こうからクビにさせるように、絶対辞

表は書くなと念を押された。心の準備はできていたはずなのに、江藤役員の迫力というか怒りに圧倒された。謹慎処分は彼の一存で温情的になされていて、本来ならとっくにクビとのことであった。

「公判の傍聴という別の目的で行った裁判所の控え室なんかで、当然のごとく二月から職場復帰させろとは何事か！　本来なら加藤なり俺なりに近況報告やお願いがあって然《しか》るべきだ。その上でお伺いを立てるのがスジだろう？」

つまり、体裁を整えろという話だった。その後、いかに自分が苦労しているかを、白血病で復帰できなかった者、株主総会で会長の長男の役員辞任決議を求めた者などの例を挙げて語った。また、営業の場面で加藤部長がいかに苦慮しているかを付け加えた。

「裁判を闘うのは個人の裁量だから止めない。しかし、仕事に出てこれないのはお前個人の事情だから、会社は迷惑なだけだ。俺が捕まってくれって頼んだか？　社会人として取るべき道があるだろう？」

（二、三ヵ月に一回の半休はそんなに迷惑なのか？　自宅謹慎は会社命令じゃないか）

しかし、何も言い返せなかった。辞表の提出だけを辛うじて断った。結局、二月一杯まで謹慎延長となった。

その後、特販部の上田常務から呼び出しがあり、江藤役員との話し合いについて説明を求められた。聞く気など全く無いけど、知らないと社長から聞かれたときに困るからと顔に書いてある。私の話が終わるのも待たず、

「起訴というのは世間的にはグレーもしくは黒だろ。そんな人間雇っておけないだろ。裁判で白とでれば何も問題ないが……それでも希望通りの復帰は無理だ。かといって明日から来るなとも言えない。これは、辞めるしかないだろう？」

もうちょっと別の言い方はできないのか。その程度のことなら、新入社員でも言える。役員なら部下の生殺与奪権くらい握っているだろうに、「クビ」と一言いえばすむ話を棚上げにする。

（「前年割れの売上げ目標」を承認させるだけが取り柄の男芸者め！）

腹の中で罵《ののし》った。

「そう言えば、社長は自分だったら闘うと言っていたな」

上田常務は最後にそう付け加えた。

午後一から夕方までの話し合いは、一方的に「辞め方」にテーマが絞られていた。

席に戻り田村課長に辞職勧告の件を報告する。

「んっ、すぐクビでなくて良かった。後はこっちに任せて裁判に専念すること。やるからには、ぜってえ負けんでねえぞ！」

東北訛《とうほくなまり》のゲキがうれしかった。二〇〇〇人の社員の中で、彼だけは応援してくれている。

二度と戻らなくていいように、机と周辺を整理し、私物を宅配便に荷造りして帰宅した。

二月半ばの呼び出しで、ご沙汰の言い渡しがあった。辞めるなら規定の退職金を出す、さもなくば特販部から人事部付きに異動、給与を四〇パーセントカット、ただし、不足分のアルバイトによる補てんを認めるというものだった。

中西さんに「結局クビになるから諸条件を整えよう」と言われたときには、まさかと思った。それなら何故《なぜ》三ヵ月の給料保証がされたのか。助ける意志があるからでしょう？　と反論すると、「年の割に純情というか世間知らずだね」とたしなめられた。

そう言われてまたかと思った。良く付けられる枕詞《まくらことば》であった。得意先、先輩、友人たちがあらゆる場面で口にした。見通しの立て方、話の熱のいれよう、体型や髪の状態、……そこには経験や学習能力のなさ、苦労知らずに対する侮蔑《ぶべつ》の意味が込められていた。「年の割に世間知らず」の私が勘違いしている間に、会社での呼称は「課長」から「厄介者のリストラ対象者」に変わっていたのだ。

地方で三代続いた会社の長男として生まれ、尋常ならざる厳しさで躾《しつ》けられた。社員からは持ち上げられ、友人たちからは「社長の息子のくせに」と揶揄《やゆ》されて過ごした子供時代。他人から誉《ほ》められるものを模索してもがいた。残念ながらフィジカル・エリートではなかった。そのくせ負けず嫌いで、おまけに貧血持ち。

神童と呼ばれた父。地元高校創立以来、初の国立大学合格者の母。「お前は原石として生んだ。磨きをかけるのはお前自身だ」両親のプレッシャーからは、祖父母だけが解放してくれた。そんな訳で祖父母の家での悪童ぶりは今も語りぐさである。

大正元年生まれの祖父は私が五年生のとき他界した。身長が一八〇センチ近くあり、旧制中学時代バスケット部の初代キャプテンをつとめたと聞かされていた。その祖父との繋《つな》がりを求めて、中学入学と同時にバスケットを始めた。あっという間にその魅力にとりつかれ青春のすべてと言っていい時間をかけた。その甲斐《かい》あって高校三年のとき、インターハイの出場権を得た。それは私にとって、最大の金字塔であった。生れて初めて両親に誇れる結果を出した。公式戦に一度も勝てなかった中学時代、夏合宿で倒れ救急車で運ばれた高校時代、不思議と辞めたいという気持ちは無かった。また辞める奴《やつ》の気持ちも全く理解できなかった。当時の記憶は、その間にある二十数年分の時間的な距離を飛び越す、劇的なものだった。

両親にとっては仕事が生活のすべてで、私は邪魔なのではないのかと思える程であった。特に長男の私に風当たりは強く、何度家を逃げ出したいと思ったか知れない。両親の言葉で語られる仕事は、常に「経営者側の正義」で語られた。前線の営業に感じた白けや無感動は、血みどろを経験していないくせに正義漢ぶる私への、無言のメッセージだったのだろうか。切られる側の都合や行く末など考えたことも無かった。

初めて経験する切られる側の立場。それも社会正義を犯した「容疑者」としてである。私の中にある物差しは完全に役に立たなくなっていた。後は専門家の助言をすっかり受け入れるしかない。

弁護士と話し合った条件はこうだ。①辞表は書かない。会社規定にある救済期間一杯の翌年八月までは休職扱い。②どうしても辞めろと言うなら一五〇〇万円（八月までの給料、賞与、退職金より算出）の条件を求める。③もしくはクビになり、そこで民事訴訟に持ち込む。

サラリーマンの悲しい性《さが》か、こんなに要求して大丈夫なのかと心配になった。「意志を強く持って、堂々と渡り合って欲しい。会社は復職させればすむ話なのに、世間体を気にしてアタフタしている。第一、今の状態では絶対にクビは切れない。やればこちらから告訴だ」と中西さんから励まされる。

この交渉が始まって、弁護士がついているという状況がいかに心強いかを知った。もし一人で交渉に臨んでいたら、「年の割にお人好《ひとよ》し」の私は、会社の希望通りの辞表を書かされていただろう。

結局、辞表も四割カットも拒否したが、三月の給料は四割カットされた額しか振込まれなかった。それを不当として残金の仮払いを求める民事訴訟を起こすことになった。

おとなしく四割カットをのんで、バイトしていればとも思ったが、就業規則には会社の承認なく在籍のまま他の営利を目的とする業務に従事したときも懲戒解雇とある。バイトを許可する覚え書きでももらえれば考える余地もあったが、書面には残さないと言われた。承認の証拠がない以上、トラップを仕掛けられた状態である。事情を知らない社員に見つかったときには申し開きができない。サラリーマンが会社を訴える、あまりに大それていて気が引けたが他に選択肢は無かった。発端の事件が片付かないうちに、新たな訴訟まで抱えてしまった。

手詰まり

結局、おんぶにだっこの状態で第二回公判の当日を迎えた。

開廷前の打ち合わせが終わって顔を上げると、傍聴席の一番離れたところに、若い男を伴った黒坂愛梨がいるのが目に入った。事件から丁度四ヵ月、被害者（私にとっては加害者）との二度目の対面である。同伴した男は家族や親戚《しんせき》ではなさそうだ。

黒坂はハイネックのセーターと身体《からだ》の線がそっくり出る薄い生地のタイトなロングスカートという極めてカジュアルな出《い》で立《た》ちである。

（TPOもないのか）

そんな奴《やつ》の証言が私の人生に重大な意味を持とうとしている。奥歯に力がこもる。

（★第二部二四四頁〈刑事訴訟の基本は直接主義です〉を参照）

会社からは沼田部長と野上部長が来ていた。

第一回公判の後、今日までに数度の打ち合わせが持たれていた。（★第二部二二七頁

〈弁護の「核」がみつからない〉を参照）

こちら側の証拠集めは以下のように進められた。①犯人を特定する過程で、誤認は無いか。②取調べが進む中で恣意《しい》的に誇張されている部分、あるいは捏造《ねつぞう》は無いか。③犯行は不可能、あるいは非常に困難ではなかったか。

また、前提として、次のことが確認された。①乗車位置や明大前までの車内での位置については争わない。つまり千歳烏山からは、私は確かに黒坂の隣にいた。②犯人は別にして、痴漢行為もあったかも知れない。

私の主な役目は「相手と自分の調書をよく読んでおく」ことだったが、実際に読み始めると、怒りがよみがえり冷静に読み進められない。妻からは、もっと気持ちを強く持たなければいけないと、たしなめられる始末であった。

また、前回法廷の雰囲気にのまれた反省から、なるべく慣れておこうと何度か刑事事件の公判を傍聴した。被告人の反論も参考にしたかったが、いずれもあっさり犯行を認めて、情状酌量を求めるだけの弁護士や、勝ち誇ったような検事の態度にウンザリした。

公判を闘うために様々な資料も準備した。

相手の員面調書（警察の調書）、検面調書（検察の調書）を入手した。二回三回と取調べが進むごとに、新たなディテールが書き加えられていた。私の調書と擦り合わせながら、犯行認定に必要な部分が補強してある。取調べで抵抗していなかったら、あっという間に犯人にされていただろう。

「警察のやり方〈その六〉」調書は後づけで補強する。

国際ルールより一つ多いファールを認めるNBAでも、これで退場である。

その他、黒坂と私の位置関係を示す写真、当時持っていた荷物のサイズ重量の一覧、人体の部位別の知覚能力に関する資料、黒坂証言の変遷と信頼性に関する鑑定書、同時刻の車内状況の写真などなど。

鑑定書は犯罪心理学を専門とする日大の厳島《いつくしま》先生に依頼した。

それは、取調べが進むと、被害者の中では時間の経過に伴い、自分に不利な状況の削除や感情移入による誇張、警察からの情報提供などの要素が加わり、都合のいいストーリーに組み直されていくという内容である。

また、知覚能力に関しては、「二点弁別閾《べんべついき》」という研究資料が用意された。これは皮膚に触れた二点を離れた二つのものとして認識できる最小限の距離を体の部位別に測定したもので、大きいほど鈍感ということになる。ちなみに、臀部《でんぶ》・大腿部《だいたいぶ》は四五ミリ以上と報告している。

また証人尋問には、最初に黒坂を取調べた小池巡査、捜査主任の辻村警部補、副検事の今井、厳島教授の出廷を要請した。裁判官へのプレゼンテーションには、インパクトも重要とのことだった。裁判所との事前の打ち合わせでは、五万円の罰金刑に何いきり立ってるのかという、冷めた反応だったようで、いかに裁判官の興味を引くかがキーポイントとなった。

……しかし第二回公判で、証拠採用や証人尋問の請求は、検事によってことごとく「不同意」とされた。検事・弁護人は互いに、相手が提出する証拠を検討対象から除外できるのだ。

一審においては、もう打つ手が無くなった。

退職

人事の沼田部長は、民事訴訟の席には現れなかった。代わって別の部長が二人で来ていた。風の便りでは、彼はそこを外された。問答五月の人事異動で年金基金に移ったそうだ。通常、人事部長といえば出世街道の本筋。彼はそこを外された。

「私は人事部には向いていないんだよ」が沼田部長の口癖だった。その人柄は、問答無用の人事部にあって、人の話をねばり強く聞いてくれる人情味厚いものだった。彼の異動が、私のクビに失敗した責任をとらされたのだとしたら気の毒なことだ。

彼が書いた陳述書を見ると、くびを傾《かし》げたくなる記載が目に付いた。妻は呆《あき》れて「本当に人事部の人なの？」と聞いてきたほどであった。彼には正確な情報が与えられていなかったのではないのか。警察からの第一報から始まったこの事件を知っている五人の中に、彼は入っていなかった。そのために生じた行き違いと彼の人情味が裏目に出て、人事部長としての判断を狂わせたのかも知れない。その結果、闇《やみ》に葬《ほうむ》るはずだった事件が民事訴訟に至り、責任を取る人間が必要だったのだろう。彼もこの事件の犠牲者なのかもしれない。

事件の公判が進むうち、同じ冤罪《えんざい》事件で闘っている何人かと面識ができた。（★第二部二四〇頁〈審理は淡々と進む〉を参照）

彼らの第一声は一様に、なぜ独りで闘っているのか？　組合は応援してくれないのか？　であった。一つは支援団体の存在を知らなかったため、もう一つは会社に労働組合が無いためであった。二〇〇〇人規模の一部上場企業に労働組合が無い、会社が作らせないのである。

昔ある支店の数人が結成の運動を始めたところ上層部の知れるところとなり、見せしめ人事でメンバーはバラバラに飛ばされた。それ以来だれも組合結成に動いた者はいない。会社に数々ある伝説の一つである。

「労使の関係がうまくいっていて、団体交渉の必要が無い」

年に一度、ホテルの大会議場で開かれる全社大会での会長の弁である。

しかし実態はといえば、業績の割にベースアップは異常に低い。対応策と称して役職を乱発するが、手当を見て怒り出す者もいる程である。しかも、昇進試験にたどり着くには過酷なノルマ達成が条件となる。

社員が製品を運ぶルートセールス方式のため、他社に比べ輸送費用が大幅に削減できる。その重労働たるや佐川、ヤマトに並び称され、繁忙期の荷の積み降しは毎日八〇〇キロを超える。腰痛による通院者は数知れず、それでも病院に行ける者は幸せで、下《した》っ端《ぱ》はノルマに追われて通院もできない。

離職率も尋常ではない。各部署からの予算申請は、下半期の人件費が上半期の七〇〜八〇パーセントしか認められない。

ある役員の訓話。

「この御時世で辞める人間が例年より少なく、予算が圧迫されるので、後半更に頑張るように」

という、笑うに笑えないものであった。

また、警察との関係はことのほか大事で、特販部の上田常務がその任に当たっていた。

「〇〇署にお茶を三ケース届けさせて。都内の署長会議があるって、電話がかかってきた」

などという会話が日常的であった。もちろんタダである。

「社員にアタマ（頭脳）はいらない。アタマ数だけいればいい」という会長の名言も伝説の一つである。

沼田部長は「まだ、会社が有名でないときなら助けてあげられたかも知れない。会社も人が欲しい時期ならね。でも今は、募集が多すぎて断るほうが大変なんだ。あるいはその事件が社会性の高いもの、例えば成田訴訟とかなら、また違う対応もできた」と言った。

私の一生を左右する、この事件には社会性が無いとでも言うのか？　会社が有名になって、募集に苦労しないから、傷物は消えろと言うのか？　会社の規模で正義の意味は変わるのか？　きれいごとを言う割に、実体はお粗末な会社がイメージダウンを理由に、公判を闘う私をクビにしたがるのだ。

「どうせ復職できたところで懲罰人事がオチ。下働きでもしがみつくか、辞めるかはあなた次第だ」

中西さんには、そう言われた。メーカーのサラリーマンを経験し、窓際《まどぎわ》人事に屈しなかった彼のアドバイスには説得力があった。

やりたい仕事がやれないサラリーマンほどつまらないものはない。かといって、冤罪の汚名返上を目指して闘っている時に「自己都合退職」など冗談ではない。

自宅待機の業務命令も、給料四割カットも理屈は分かる。私だって「絶対無罪になります」とは言いきれないのだ。

辞表か懲戒免職しか選べないというのは、すでに犯人扱いに他ならなかった。社員の言い分より警察の言い分を優先させた訳だ。

結果的に、会社は無実の私を切った。正確には「雇用関係の解消」だが、こちらの印象は「退職金付きのクビ」だ。その責任についてはどう考えているのか？　彼らは

きっとこう答えるだろう。（★第二部二三三頁〈会社はあなたの味方ではない〉を参照）
「すでに退社した人間。退職後のことは関《あずか》り知らぬ所。民事訴訟に於《お》いても、双方で合意の上、和解が成立している。尚《なお》、沼田人事部長の異動は事件と全く無関係」
ハイ、一〇〇点満点。

子供の頃から人前で罵倒《ばとう》されることが多かったため、目上の強い発言には、取りあえずハイという癖が付いていた。感情的に何か言われるのが苦手だった。そういうニュアンスを感じたら、その場での反論は控えた。意見の相違についても、その場では言わず、己の未熟に鑑《かんが》みて、そうかも知れないと自問自答する。いったん持ち帰り検討の末、折りを見て反論するというのが常であった。自分でも動物が嵐《あらし》をやり過ごすようだと思っていた。

しかし、今回会社とのやり取りで、それではまずい場合があることがわかった。

絶対無実とはいうものの、迷惑を掛けたことに対する引け目が、口を更に重くした。

そのため、結果を持ち越すたびに「豹変《ひょうへん》あるいは変心」と取られるのだった。

「事件に巻き込まれたのはお前の責任だ。俺がそうしてくれと頼んだか？」などと言われると、そうかも知れないと思ってしまう。

そこで、相手は説得成功と思うらしい。帰って再検討するが、やっぱり無実の私が辞表を書くのは筋ではないし、出社しないのは業務命令だからだ。なにより、家族の生活がある。すると次の話し合いでは「何だ、辞表書いてきたんじゃないのか」となるのだった。

その場で、感情も露《あら》わに「辞表なんか書けるか！」と言えれば、幾つかの不愉快な場面は回避できたのかもしれない。

会社の方針が見えた時点からは、いくらで手を切るかが判断基準のすべてになった。そこには七年間の実績や、思い出など入り込む余地は無かった。

離婚もたぶんこんなプロセスなのだろう。

すったもんだの末、双方の提示額の間を取る、和解勧告に従った。八月の末日付で「退職」が決定、正式に「失業者」となった。

九月二日には年金手帳を受け取り、翌日には府中の職安に行った。この際だからと自立も考えたが、手にした退職金の額ではそれも無理だった。

職安の空気は、クーラーの効き過ぎも手伝って重く淀《よど》んでいた。長い時間そこにいるとその淀みに自分も取り込まれてしまいそうだった。失業保険を貰《もら》うという身分の情けなさと、何もしないでお金が入ってくる気楽さの両方が入り交じった、何とも形容しがたい気持ちであった。

端《はな》から営業になるつもりはなく、デザイン系の道に戻ることにしていた。しかし年齢の壁と、家族を養うのに見合った収入は望めない募集ばかりであった。相談員からも「その手の募集は極端に少ないから、あてにしないで自分で探してくれ」と言われる始末だった。

収入が途絶えるということが、恐怖を伴うものであることを初めて知った。街ですれ違う浮浪者を見て、ああなってもまだ生きている、死なせてもらえないと思うと恐《こわ》かった。

ローンを組んでいる住宅金融公庫、保険会社、窓口の銀行に支払い不能の連絡をした。味わったことの無い焦燥感。失業保険と妻の収入でなんとか食いつないだが、借金は膨らむ一方であった。

有罪判決

バスケットでもジャッジメントは試合を大きく左右する。ワンプレーの裁定で波をもっていかれたり、逆に引き寄せたりする。

草試合の場合、次のゲームもしくは前のゲームを闘うチームから審判とオフィシャルを出す。ルールも良く解《わか》らない下《した》っ端《ぱ》がでてきたときには悲劇だ。

提出した証拠と要請した証人喚問をことごとく不同意にされ、黒坂証言だけを採用した、客観性に欠ける判決が裁判官・吉田一雄から下った。（★第二部二五二頁〈裁判官はやっぱり女性に弱かったのです〉、第三部二七四頁〈第一審判決文〉を参照）

ある程度、予想していたものの「被告人」として言い渡される「有罪」という言葉は重かった。

「罰金五万円の支払いを命じる。もし生活上、支払い困難の場合は一日五〇〇〇円で計算した、労働奉仕をもってこれに相当しても構わない」

全人格を否定されたようだった。

「何か意見があれば、述べなさい」

「私は痴漢などしていません。私は無罪です」

怒りのあまり「無実」を「無罪」と言い間違えてしまった。

判決文を聞く間、一瞬たりとも吉田から目をそらさずに、怒りを嚙《か》み締めた。くやしい。「ちゃんと調べてないだろう」と言いたかった。

第一回公判から一年以上経《た》っているのに犯行場所とされている調布駅の所在地「布田（ふだ）」を「ぬのた」と読み違えたままであった。事件そのものに影響を及ぼすものでは無い。しかし、この事件が黒坂の証言のみで物的証拠無しに始まっているのだから、判決には証言の子細な検分が不可欠のはずだ。わずかながらでもそれを吉田に期待していた自分が情けなかった。

妻は傍聴を希望していたが断っておいて良かった。彼女に泣かれるのが一番応《こた》える。「簡裁は裁判所にあらず」という言葉がある。ここでは、被告人のやる気度チェックだけ。本当の裁判は高裁以上でということだ。全く言葉通りの結果だった。

「尚《なお》、判決に異議があるときには二週間の期限をもって、高等裁判所に不服の申し立てをするように」

吉田裁判官はそれを言うとそそくさと立ち上がり、逃げるように退席していった。通常、簡裁での裁判は検察と代理人の打ち合わせも終わり、結果の分かっている事件の事務処理程度の審理しかない。「やりましたね？」「やりました」「ハイ、次回判決」という段取りしか経験の無い彼にとって、この事件はさぞ荷が重かったことだろう。

裁判官がこうなのだから、担当検事など言うに及ばず。取りあえず彼らの役目は終わったということだ。

取材

テレビの取材を受けるのはこれが三回目であった。過去二回は快進撃を続けるメーカーの課長として受けた。

今回のテーマは「痴漢冤罪《えんざい》でクビ・会社の不実を訴える」フジテレビの五時からのニュースで流される特集ということであった。

子供の頃からインタビューにあこがれ「いつか有名になるから、テレビで見かけたら、昔ちょっとだけ付き合ったって、子供に自慢してよ」などとたわけていた。

それが、自分のイメージとはかけ離れた形で実現した。

妻から言われるまでも無く、顔にはモザイク、声も変えての出演となった。子供のプライバシーだけは守らなければいけない。同じ冤罪裁判を闘っている長崎さんのお子さんが、授業中「うちのパパは痴漢なんかしていない！」と机に突っ伏して泣き出したという話を聞いて、他人事《ひとごと》ではないと思った。

制作担当の角田さんから初めて電話をもらったときは、正直、煩《わずら》わしかった。しかし、二年以上この種の冤罪事件摘発に取り組んでいるという制作姿勢と、その話しぶりから感じた人柄に惹《ひ》かれ出演を承諾した。

雨の代々木公園で二時間にわたりカメラを回した。部屋でやってくれよとも思ったが、多少の演出は必要なのだそうだ。

代々木公園の第二体育館はバスケットボールのメッカで、高校時代には五時間かけて上京し、試合を観《み》た。結婚してからは家族で遊びにきていたこの場所に、全く別の思い出ができてしまった。

撮影後、雑誌を中心に活躍するジャーナリストの池上さんを紹介された。三人ともそれぞれの立場で、警察や検察のやり方に怒りを感じていた。重たい話題ではあったが、ニュアンスがストレートに通じるため話はスムーズであった。彼らとは経済的な関係が無い分、素直な仲間意識が働いた。

事情を知る旧友以外に、事件について話し合える相手が見つかり、有効なうっぷん晴らしになった。また、他の冤罪被害者の話を聞けたことで、自分の立場の特殊性が少しだけ薄まった気がした。

冤罪裁判を闘う人たちは、生真面目《きまじめ》な性格で「痴漢」の汚名を晴らそうと進んで警察に行き、話を聞いてもらうつもりだったのが、あれよあれよと言う間に「犯人」に仕立て上げられている。

警察の対応はどれも酷似していて、脅してすかして司法取引に持ち込むというパターンであった。

それまで本や映画で見る「捜査」とは事件の真相を追いかけることであり、捜査中に新事実が出てきたり、正義感の強い主人公が上司の反対を押しきり別の観点から解決の糸口を探すというようなイメージであった。

しかし、実際は警察や検察が初めに描いた「ストーリー」なり「方針」から外れる証拠や発言は嘘《うそ》と決めてかかり、方針に必要なものは書き足すという辻《つじ》つま合わせであった。それも巧妙な誘導尋問を使って。黒坂の証言を読み返すたびに警察の姿勢には「視野狭窄《きょうさく》」を通り越して「悪意」さえ感じる。証人尋問に立った黒坂の受け答えからは、想像もできない表現が、調書の作成を重ねる度に増えていく。これは「捜査」というより「捏造《ねつぞう》」というほうが正しいのではないか。

さらに腹立たしいのは、そこに木《こ》っ端《ぱ》役人お得意の「メンツ」が見え隠れする所だ。角田さん、池上さん、私の意見が最も一致していたのもその点だった。

再就職

一八〇日の失業保険が終ろうとしていた。何でもできるさという楽観と募集要項の二七や三六と記されている年齢制限への悲観がないまぜであった。

今、就職しておかないと、来月末には本当の無収入になる。底冷えのする風に吹かれて、寒冷前線通過を告げた朝のニュースを思い出すような気分だ。渋谷の職安で募集を検索する。場所柄デザイン関係の募集は多かった。その中でも破格の条件を出していたプレミアム企画会社に連絡がついた。残念ながら、担当が留守との事で、夕方こちらから電話する約束をして資料を受け取り帰った。その会社は神谷町にあり、中西さん升味さんの事務所の入っているビルとは、目と鼻の先であった。

二日後の面接に向け、伸ばしていたヒゲをそった。鏡には生まれ変わって生き生きとした私がいるはずだった。しかし、そこに写っていたのは歳《とし》をとってくたびれた顔の私だった。

面接はトントン拍子で進み、週明けから出社する運びとなった。気掛かりは、二人の社長……生活感の無い三〇代チーママ風の女性と、いかにも押しの強い脂《あぶら》ぎった感じの五〇代男性。グッチのサンダルが地面についているのを初めて見た。

〝オーナーと雇われ社長〟勝手にそう決めてみた。それ以外に解釈ができない。もうひとつは、掃除がなっていないところだった。面接で来た時に気がついたほこりは、初出社の日、そのままであった。

それでも、社会復帰に成功した喜びと安堵《あんど》で初日から飛ばした。一一時過ぎに鍵をかけて退社した。

控訴審《こうそしん》

黒坂証言の不確実性をどう浮き彫りにするか。

高裁では提出した証拠も、証人尋問の要求も採用され、ほんの少しではあるがチャンスが巡ってきた。争点は、電車の混雑状況で犯人を誤認した可能性はないのか。当時の私が如何《いか》に犯行困難な状況であったか、という二点に絞られた。とにかくちゃんと調べてくれという悲痛な想《おも》いで出廷した。しかし、一年にも及ぶ地裁のだらけた裁判になれてしまい、記録の読み返しを怠ったままであった。裁判官の容赦ないツッコミに、全く記憶違いの返事をしてしまい大汗をかいた。言い訳をするほど逆効果で、

「辻つまを合わせようとか、ここは前に言ったことと内容が一致しないとまずいな、というようなことを考えましたか？」という中西さんの助け船がなければ、お手上げ状態であった。「こんな、馬鹿《ばか》な奴《やつ》でございます」と締めくくる中西さんの機転で救われた。（★第二部二五三頁〈控訴審でもう一度〉、同二五五頁〈ひやっとした準備不足〉を参照）

「ありがとうございました……」

とお礼を言うと、升味さんからは、

「理屈こねすぎ！」

中西さんからは、

「しゃべりすぎて、自ら墓穴を掘る典型だな！」

と手厳しく指摘された。

（すみません……）

子供の頃から計画を立て、それを継続的に実行するのが大の苦手だった。小学校の頃から宿題をサボる常習者で夏休み、冬休みの終わる直前に青くなって片づけ始める「どうにかなるさ型」の典型で、中学に入ると徹夜も当たり前になっていた。

社会人になってからはそうもいかなくなったため、行程表とにらめっこをしたが、基本的には変わっていなかった。反動で私生活における無計画ぶりはひどいもので、妻からもきつく注意されていた。

反省しても後の祭りであった。後は裁判官の心証次第。これで一応、私の出番は終わった。すべてを中西さんと升味さんに託したという意味で肩の荷も多少軽くなった。

この日の傍聴者から中西さんに弟子入りの申し込みがあった。司法試験を目指しているという称する四〇前後の女性だそうだ。切り返しがあまりに見事で感激、是非とのことだった。

「うちは事務員は二五歳未満しか採りませんって、断った」

「ひっどーい。本当にそう言ったの」

「うそうそ、事務員のバイトなんかしてないで、ちゃんと勉強しなさいっていってあげた」

升味さんと中西さんのやり取りを傍で聞きながら、私はにやついていた。

中西さんとの付き合いが始まって丸一年になるが、いまだに、落とすのかマジメに返すのか、全く予測がつかなかった。

数日後、黒坂の調書を取った小池照美巡査の証人尋問も行われた。

二六歳、八王子署勤務。彼女の証人尋問での態度は、よく訓練されたそれであった。以前、府中刑務所に勤務する看守の家族と親しくしていた。子供が同じ幼稚園に通っていたのが縁であった。そのときには塀の中でのおもしろい話をたくさん聞かせてもらった。

府中には服役者の中でも悪い部類が収容されていて、看守への当てつけも相当なものらしい。ぎりぎりの当てこすりを仕掛けて、看守を切れさせ、待ってましたとばかりに、それを塀の中から告訴するのだそうだ。看守の方も慣れたもので法廷シミュレーションをやってから、証言台へ臨む。「今日、パパは居残りで証言の練習」などとこともなげに、奥さんが話していたのが印象的だった。

小池の受け答えを見て、そのことを思い出した。

右手に白地のハンカチを持ち、時折、鼻の下や額の汗を押さえながら淡々と話をする。一年以上前に二時間程、代理で作った員面調書の内容を淀《よど》みなく答える。予習は完璧《かんぺき》のようだ。

一重まぶたで全体として印象の薄い顔立ちが、感情の起伏を読み取りづらくしていた。中西さんは婦警にしておくにはもったいないと感想を述べた。

こちらは、小池の作った員面調書から、二回目以降の調書に書き加えられていくディテールの不合理を指摘する作戦であった。何か決定的な一言が欲しい。

傍聴席には私を取調べた懐柔タイプの刑事が座っている。初日の取調べの際、罪を認めれば家族にも会社にも内緒にすると言っていた奴だ。相変わらず、すだれハゲをあぶらでテカらせ、時折にくにくしげな笑みを浮かべる。祈るような気持ちで、尋問に注目した。

中西弁護士「右後方の本件で言う被疑者について、顔を見たとか見ないとか、そういう話を被害者がしていたかどうか覚えていますか」

小池巡査「顔ははっきり見ていないと言っていたと思います」

中西弁護士「彫りの深い顔をしているとかそういう話は出ていましたか」

小池巡査「触られているときは顔を見たということは言っていません」

中西弁護士「触られているときというのは、その後は顔をきちっと見たということですか」

小池巡査「捕まえてから見たということを言っていたと思います」

中西弁護士「そうすると、ともかく電車の中で触られている時は、どんな顔か見ていないということですね」

小池巡査「はい」

中西さんの尋問には、囲碁の布石や将棋の詰めを見るような感動がある。有利な証言をひっかけて引きずり出す、爪《つめ》のような意図を隠した優しげな語り口の質問は、核心に至るまでのここそこに巧妙にしかけられたトラップだ。小池はまんまとハマッた。そんな聡明《そうめい》さとは裏腹に、開廷前の打ち合わせでは「質問攻めで泣かしてやる」などと、いたずら坊主《ぼうず》のような笑顔を見せる。

さらに尋問は続いた。

金谷裁判官「被害者が右後ろのほうを振り向いたときに、被害者が犯人と思っている人を見たというふうに供述はなってますが、どんな見方をしたのかというのはもうすこし具体的に聞いていませんか」

小池巡査「ちょっと覚えていないです」

金谷裁判官「例えば、短時間ちらっと見ただけなのか、しばらくじっと見ていたのかとか、特に記憶はないですか」

小池巡査「ただ込んでいたのでじっと見る余裕はなかったんじゃないかと思います」
金谷裁判官「今回の事件について、あなたが被害者から直接事情を聞いた印象として、ほかの数十件扱っている（同様の）事件と比べて、犯人の特定ということについて、特定の程度がいろいろ高低があると思いますが、本件はその中のどんな程度になるのかという点はどんなふうに解釈してますか」
小池巡査「周りの状況からということで、ちょっと特定が弱いなということは思っていたと思うんですが、被害者の人が大分自信を持って言っていたので、自分の中でそれに甘えてしまったんじゃないかと思います」

「やった！」後ろの席の升味さんが私にだけ聞こえる声で、小さく叫んだ。私を犯人と認定する大きな要因がひとつ崩れた。（★第二部二五九頁〈逆転のきざし〉を参照）

黒坂は電車の中で、私の顔など見ていない。逮捕後、二回目以降の取調べで警察の作ったシナリオに沿って、記憶の捏造《ねつぞう》が行われていたのだ。これで警察がいい加減な調書しか作っていないことが証明されるはずだ。裁判官にもそういう印象であって欲しい。

閉廷が告げられると、小池は傍聴席の刑事に歩み寄りあいさつした。刑事は労をねぎらうように小池の肩に両手を置き、何ごとか話していた。

私がその様子を眺めていると、小池の肩越しに刑事と目が合った。すると刑事は自信ありげに憎々しげな笑みを浮かべた。

（お前も絶対忘れない！）

私は傍聴席を後にする刑事と小池の背中を見送った。はらわたが煮えくり返る思いで、こめかみを緊張させ心持ちあごを上げ下瞼《したまぶた》越しの目線を作った。

六月一三日、火曜。運命の日になるはずだった。

ところが、またしても検事のつまらないメンツによって水を差された。

控訴審第二回公判から担当検事が代わったため、引き継いだ責任上、何もせずに判決を出させる訳にいかないと、今朝になって反対弁論を提出してきたのである。裁判所としては、検討せざるを得ないとのことで判決の言い渡しは延期された。

（あなた方にとっては仕事の内だし、スケジュールの調整だけの問題かも知れないけど、一般市民はそうはいかないんだよなぁ）

「次回の期日なんですが、六月の二六日はいかがでしょう？」

と裁判長が聞く。

「新しい会社に入ったばかりで、月に二回も休めません」

私は五月の終わりに再就職したばかりであった。

「いえね、被告人をこれ以上不安定な立場に置くのはどうかと思ったものでね」

（だったら、弁論をすぐ検討してくれればいいのに）

裁判官に、民間のサラリーマン事情など理解できない。

判決取材するはずだった角田さん、池上さんは、

「何の為《ため》に、こんなことするんですかねえ。嫌がらせとしか思えませんね」

と憤慨していた。彼らだって取材費用はかさむし、時間も全く無駄にした。彼らの憤《いきどお》りに圧倒され、私は大人しくしていた。

「せっかく、緊張してきたのに、来るのにかかる時間が一時間で本番一〇分じゃ、わりに合わないわ。電話で済ませてよって感じね」

と、妻は升味さんにくどいていた。誰もが検事の嫌がらせと感じた。

最初から一点の疑いもなく妻は私を信頼してくれていた。二度目の接見に来たときには、事件当日につつじヶ丘のホームから目の前に乗った女子高生を捜すために、看板を持って立つと言っていた。その女子高生が私のことを憶《おぼ》えていれば、黒坂の証言と食い違う証拠になるというのだ。効率が悪すぎるという升味さんの説得で断念したが、止めなければ本当に実行していただろう。昔からそういうところがあった。なんの計算も無い純粋さで動く彼女の行動には、いつも頭が下がった。妻は一時間かけて帰ることに愚痴を言いながら地下鉄の階段を降りて行った。

私は仕事に戻った。次回期日の七月四日を忘れてしまうほど忙しくするんだ。

七月三日、公判前日。今年に入って、非常に狭いエリアでスコールが降るようになった。シンガポールで経験したそれを思い出す程で、その日のニュースは丸の内が水浸しになったことを伝えた。虎《とら》ノ門《もん》付近を歩いていた私は信託銀行の入り口に雨宿りを決め、大きなガラス越しに外を眺めていた。横断歩道を一つ横切る間にずぶ濡《ぬ》れになってしまうほどの雨は、一向に弱まる気配を見せなかった。携帯で会社に連絡を取り、そのまま雨宿りを続けた。結局、雨は一時間半も降り続いた。丸の内の方角の空を眺めていると稲妻が光ったり、雲が薄れて明るくなったり刻々と変化した。それにつれて雨脚も強弱を繰り返した。こんなに長い時間雨を眺めたのは初めてだった。

二〇代の頃は、自分を足止めするものすべてに対して腹を立てていた。部下や同僚の失敗はもちろん、天候であろうが、渋滞であろうが、我が意に反するすべてが攻撃対象だった。

カウンセラーからは、持って生まれた攻撃性と言われ、過去の上司からは射手座《いてざ》の典型と言われた。それは例えば盲腸のように、ほとんど役に立たないばかりか、ときに自分をピンチに追い込むのだが、これこそが自分を他人と区別する最も顕著な性格で、それを失うことは自己の消失だとさえ思っていた。

年齢と共に増える身体《からだ》の故障と家族への責任。痛む身体で責任をまっとうしようとすればするほどジレンマであった。私は安定した生活のために攻撃することを止《や》めた。

そんなことを考えながら過ごしたその時間は腹立たしいことも無く、むしろ安らかでさえあった。また、いつもと違う感じ方をしている自分を見つけたことも新鮮だった。

七月四日。判決が下る。前回の判決延期から二一日が過ぎていた。その間に新しく就職した会社で初めての給料をもらい、ようやく社会復帰したことを実感した。

潰瘍《かいよう》の定期検査のためと偽って半休したが、朝から憂鬱《ゆううつ》だった。検察は無罪判決の場合、メンツを保つという意味のない上告をするだろうし、有罪ならこちらが上告することになる。次は最高裁。

（いつまでかかるのか？　そこまで行って、もし負けたら借金はいくらになるのか？）

不安材料にはこと欠かない。

いずれにしろ、今日はただの通過点にすぎないと自分に言い聞かせる。

リーグ戦後半、今日の試合では順位が決まらず、相手の結果待ちというときに感じる焦燥に似ていた。事件の勃発《ぼっぱつ》から一年八ヵ月、いずれにしろここまでの結果が出るだ。

当日は、最悪の結果でも、ショックで落ち込んでいる暇のないスケジュールを組んだ。

中西さんも升味さんも決して楽観的なことを言わない。それが一層、私の覚悟を促した。

「どうせ、無罪でも向こうが上告しますよね。だから、かったるくて、やなんですよ」

「そこまで覚悟していてくれると、こちらも慰めの言葉なんか考えなくていい分、気が楽よ」

などと談笑していると開廷が宣言された。

傍聴席には、前回肩すかしを食らった妻、上告以前からずっと応援してくれていたジャーナリストの池上さんと番組制作会社の角田さん、その助手の豊竹君、同じ痴漢の冤罪《えんざい》事件を闘う長崎さんの支援団体幹部が二人座っている。私の自発的応援団。判決には何の影響もないが、妙に心強い。ここまで来ると「被告人」と呼ばれても動揺しなくなる。（★第二部二五〇頁〈傍聴人の数は判決に影響するか〉を参照）

「鈴木健夫ですね。今から判決を言い渡します」

本来なら運命の瞬間、映画ならアングルの変更、カットバックの挿入、効果音など緊張をあおる演出がなされる場面である。私もそれなりの場面を期待した。しかし残念ながら、裁判長は右の小鼻を広げてメガネを直す癖のある、人の良さそうなポッチャリ顔、傍聴席の弁護団もアットホームな雰囲気。唯一《ゆいいつ》、右側の裁判官だけが『モンスター』のルンゲを連想させる酷薄そうな顔付きで、かろうじて緊張感を演出していた。そんな中で主文が読み上げられる。

「主文、原判決を破棄する」

（んっ、なんだ？）

「被告人は無罪」（★第二部二六四頁〈無罪判決は出たけれど〉、第三部二七九頁〈控訴審判決文〉を参照）

一拍あって傍聴席からパラパラと拍手が起こった。

（あっ、勝ったのか？）

用語に疎《うと》い為、いまいち「勝った！」というガッツポーズが出るような実感がわかない。

「長くなるから掛けて」

と裁判長から促された。そのまま証言台の椅子《いす》に掛けようとすると「被告人席へ戻れ」と言われた。

五万円の罰金刑に、会社の退職までかけるのは合理的で無いとか、犯行はあったが被告人を犯人と認定するには証拠や供述が甘いなど、私が犯人かもしれない可能性を残す内容であった。

それでもまぁ勝ちは勝ち。席の後ろを振り返り、中西さん、升味さんと握手を交わす。

「初の逆転無罪」当日の夕刊と翌日の朝刊にはそう表現されていた。私に取っては逆転でも何でもなく、ただ本当のことを認めてもらっただけのこと。

そして初動捜査のミスにより、引くに引けなくなった代々木署員の冤罪捏造という警察犯罪に他ならない。

公判でも述べたが、現在の科学捜査技術を使えば、警察や黒坂が言っているような事実があったとすれば、私の指紋が被害者のスカートの至るところから採取できたはずである。にもかかわらず詰問《きつもん》と勾留《こうりゅう》による精神的暴力で、自白強要をするだけであった。

しかも捜査を開始する段階で逮捕も告げていない。その態度は「この十手《じって》が目にへえらねえか」という時代劇の「岡引き」まがいだ。

事件当日にその捜査が行われていれば、私の潔白ももっとすっきりした形で証明されたはずだし、逆の立場なら動かぬ証拠になったはずだ。

その時点で科学捜査の知識がなかったことが悔やまれた。何よりも、私の取調べと同時進行で、もっとまともな捜査が行われていると警察を信じていたのが悔しかった。

まだ、二週間の上告期限が残っている。検察の陰湿さは、一般人の想像を絶するものがある。現に総武線の中で痴漢に間違われて、一審で無罪になりスポーツ紙の一面を飾りテレビに出て感想を述べていた某氏に対して、検察は期限の二日前に上告したのだ。つくづく木っ端《こっぱ》役人根性に腹が立った。

あと二週間、上告期限が過ぎて初めて無罪確定である。カウントダウンするほど肝は座ってなかった。なるべく曜日が飛んでいって欲しかった。また、忙殺されよう。

遠吠《とおぼ》え

七月一九日、水曜。判決から二週間が過ぎた。今日の午後一で確認が取れるとのことであった。ちょっと気を抜くとすぐに悪い結果を想像してしまう。上告され、いつ終わるとも知れない裁判のやり直しを告げられたときのことを考えた。コンクリートでできた高架が延々と続く通路に取り残されたイメージが浮かんだ。

午前中はいつも通り得意先へ向かう。納品物に破損があり、その検品のために倉庫に詰めていた。ノロノロと午前中のうっとうしい時間が流れて行く。倉庫にいる間は人と会わずに済むのが救いだった。午前中で作業を終え、昼食はゲンをかついでカツレツにした。

昼休みも終わり、升味さんの事務所に電話する。相変わらず取り次ぎにもたつく。

「もしもーし、升味ですう」

独特のイントネーション。

「どうでしたか？」

声が上ずる。耳の奥がドキドキと痛む。

「上告はされていないそうです。先ほど高裁の刑事部で確認を取りました。おめでとうございまーす」

「やった！　ありがとうございました」

「奥様にも宜《よろ》しくお伝え下さい。それじゃー」

（やった！　これで完全に無罪だ！）

右手が拳《こぶし》を握っている。

（えーと、先《ま》ず誰から連絡しよう）

電話ボックスの中でひとりじたばたしていた。

始めに思いついたのは、なぜか妻の両親だった。

「もしもしー」

聞き覚えのある義母の声。

「あっ、健夫です。あの今日正式に無罪が確定しました。判決自体は七月四日に出たんですが……」

ここまで話すと、鼻の奥が押し上げられ目に涙がたまった。涙と一緒に、肩から頭にかけて乗っていたものが、ほどけてなだれ落ちた。自分が緊張していたことにはじめて気がついた。

「よかったね、おめでとう。これから、がんばってね」

言いたいことが山ほどあるだろうに、義母はお祝いだけを言葉にした。受話器を持ったままお辞儀をしていた。

なんとかお詫《わ》びとお礼を済ませて、受話器を置く。次は妻だ。

「やったよ。上告されてなかったって」

「やったあ！　おめでと健夫」

「ほんとに長い間ありがと……」

また涙が出る。

「まだ、お仕事でしょ。泣き顔で帰ったらおかしいよ」

全く、いつでも本当にその通りですってことばかり言う。

結婚して一七年、一度でいいから「あなたと結婚して幸せよ」と言わせてみたかったのに、現実は普通ではなかなか無い苦労ばかり。「これからは、がんばるから」こんな台詞《せりふ》を何度口にしたことか。

その日二人の友人に連絡がついた。一様にほっとしたという感想であった。妻からはさんざん催促されたが、結局自分の両親には連絡しなかった。聞かされるであろう説教めいた言葉を想像すると、とても受話器を取る気になれなかった。ろくに連絡もせず両親が心配したであろうことは、理屈では分かっていたが、感情が行動を押し止《とど》めた。

逮捕から六四三日。私たちが一年九ヵ月の時間をかけ、地位も収入も失って勝ち取ったものとは、なんだったのか。二週間におよぶ勾留《こうりゅう》、やってもいない犯行の自白強要、警察も検察も、通常の捜査で強要はないというが、誰がその境界線を決めるのか。潔白を証明するために掛かった費用と今後の生活に一体誰が責任を取ってくれるというのか？

そもそも勘違いをした黒坂か、クビにした会社か、ちゃんとした捜査をしなかった警察か、さんざん嫌がらせをした検事か。（★第二部二六七頁〈無罪になって国がしてくれること〉を参照）

残念ながら、現行の法律では痴漢の冤罪逮捕者に対する保障はほぼゼロであるにも拘《かかわ》らず、今後も借金の返済だけは続くのだ。どこかが狂っている。

自分の事件以来、警察犯罪のニュースにはどうしても注目してしまう。早期解決している重大事件のほとんどは、犯人の自首によるもので、オウムの逃亡犯など未《いま》だ手がかりは無いし、東電ＯＬ殺人事件では犯人をでっち上げる一方で、栃木のリンチ殺人は「身内が大事」と警官の息子で主犯の少年をかばい捜査に着手しなかった。その他にも神奈川県警の覚醒剤《かくせいざい》使用警官の隠蔽《いんぺい》事件。桶川《おけがわ》の女子大生ストーカー被害の告訴状放置は、後に殺人事件に発展した。新潟県警の女子児童誘拐監禁事件にまつわる内部接待事件、福岡地裁判事の妻の脅迫事件に対する捜査情報漏洩《ろうえい》など警察不祥事が芋づる式に表面化している。なかでも最も注目したのは、浦和署の警官が女子高生に痴漢行為を働いて、その場で取り押さえられた。本人も犯行を自供しているにも拘らず、目撃などの有力な証拠が無いと即日無罪放免になった事件である。向こうは自供までしているのに、この扱いの差をどう説明するのだ。

勾留中にこんなことがあった。検察までの押送《おうそう》でバスに乗り込む際、裏口から駐車場へ向かう。警察官三人が拳銃《けんじゅう》の点検中であった。指導役と若い警察官二人が会議用の折り畳み机に二丁のリヴォルバーを置いて向かい合っている。そこへ我々がロープでつながれ出て行くと、若い警官はあわてて道をあけた。拳銃をそこに残したままだ。私が一歩踏み出して左側に二〇センチ手を伸ばせば拳銃はそこにある。ドラマの逃亡シーンが脳裏をかすめる。指導役の警察官の「おいっ！」の一言で、若い二人が慌《あわ》てて拳銃を確保しことなきを得た。なぜかほっとした。五万円の罰金刑に、罪の上塗りは必要無いと思ったので行動しなかったが、一〇年の刑だったら拳銃を確保しただろう。まさに「警察の実態」に遭遇した瞬間だった。

社会の悪を倒し人々の平和な生活の下支えするのが、警察本来の姿ではないのか。痴漢の摘発件数の増加をキャンペーンの成果とするのも怪しいものである。一度疑いを掛けられると、脅迫と表現してやぶさかでない捜査で自白に追い込む。捜査の手順、方法の選択は全《すべ》て向こうの手に委《ゆだ》ねられているのだ。重大事件の解決ができない、帳尻合《ちょうじり》わせに使われているとしか思えない。

現に通勤電車内の痴漢が減ったという話はいっこうに聞かない。そんなに痴漢が出るなら、通勤時間帯に限り女性専用車両を設けるよう指導をするのが本来の仕事ではないのか。その位中学生でも思いつく。遅れ馳《ば》せながら京王線が終電に近い時間帯に限り実施を始めたが、いっそ一日中そうして欲しいものだ。

男女平等が声高に叫ばれるが、少なくとも痴漢の冤罪《えんざい》に関しては、あまりにも不平等である。

現行法では女性が痴漢だと言えば、警察の身内以外は一〇〇パーセント逮捕・起訴されてしまう。

それでは、冤罪回避はどうすべきか。とにかくその場からいなくなるしかない。それは、毒蛇を踏んづけたに等しいことで、正義感とかプライドなど邪魔なだけ。とにかく逃げるしかないのだ。仮に、絶対自分では無いと自信があっても駅事務室や警察には行ってはいけない。とにかく、そこがラストチャンスだ。平成一三年二月六日に行われた「痴漢冤罪被害者のシンポジウム」でも、そう結論づけていた。捕まっても自分で出向いても、結果は一緒。現在の痴漢捜査は自白させる以外の方法を採らない。物的証拠もないまま犯人扱いを受け、その後は数年に及ぶ裁判が待っている。だから、とにかくその場から逃げる！

私の事件を取り上げたテレビの特番でも紹介されていたが、被害者とその目撃者を演じるゆすりグループもいるほどで、彼女たちは警察に突き出す代わりに金銭を要求する。仮に断って警察に出向けば、いい加減な捜査で決定的なダメージを被《こうむ》る。

警察は自分たちの評価ポイントを稼ぐ絶好のエサとして、積極的に犯人に仕立てようとする。警官の評価は、検挙の件数が多いことで上がる。彼らにとって挙げやすい事件が頻発してくれるのが、出世に繋《つな》がるありがたい環境なのだ。交通違反で捕まった経験のある人にはこの感覚が分かると思う。彼らの言う取り締まりとは、違反の抑止ではなくトラップによる狩猟なのだ。年寄りが口にする「警察のご厄介になるな」と「やくざとは関わりあうな」という言葉には、いずれも面倒を起こすなという意味で使われながら、前者は身ぎれいにする、後者は危機の回避というニュアンスの違いがあった。しかし今ではやくざと警察は全くの同義で、民営と官営の違いだけというのが今回の教訓である。もはや警察には犯罪の抑止力は無いばかりか、評価ポイントの為《ため》にはでっち上げさえ平気で行う「犯罪生産機関」であり、検察はそれを取り仕切る「鵜匠《うしょう》」「元締め」なのだ。現にニュースで見る限り、殺人や強盗などの重大事件の検挙率は一九パーセントで解決しているのは自首がほとんどである。

こんな警察にもし捕まったら、すぐに弁護士を呼んで絶対に一人では取調べをうけない。それ以外に自己防衛の道は無いのだ。

私が痴漢の冤罪被害者の立場で犯罪抑止を考える場合、男性と女性では不文律にズレがあることを前提にする。エスカレーターや動く歩道の右側は開ける、電車では声高に会話しない、化粧はしない、乗り降りのとき、前の人を押さない、女性トイレが満員でも男性トイレに入ってこないなど男性側にも言いたいことが山ほどある。大人げ無いと思えばこそ黙っているだけだ。不文律の違う二種類の人種が満員の電車に乗り合わせること自体に無理があるのだ。

道徳の時間では、相手の気持ちを思いやって譲り合いましょうと習った。それが本当なら、大人たちが手本を示すだろうしポスターなど不要のはずだ。今や「思いやり」は取り締まる側が裁定に困ったときと大人げ無かったと内省するとき以外には使用されない、かび臭い概念になってしまった。

みんなが自分のことだけで精一杯なのだ。バブルの後始末に一方は追われ、一方は切り捨てられ、精神的に後退したのかも知れない。「衣食足りて礼節を知る」の逆説だろうか。

黒坂愛梨、副検事の今井重夫、捜査主任の辻村長三郎、天下りの野上三郎、簡裁裁判官の吉田一雄、そして私を切り捨てた会社、私の人生行路を狂わせたメンバーである。最初は檻《おり》の中で知り合った人たちに頼んで、薬漬けにしてやろうとか、生命保険をかけて殺してやろうなどと物騒なことも考えた。

しかし、経済がそれを許さなかったし、第一そんな度胸など無い。生活に追われ、事件の記憶とともに復讐心《ふくしゅうしん》も薄まっていく。それも悲しいことではあったが、家庭生活の中では臥薪嘗胆《がしんしょうたん》も滑稽《こっけい》な概念になってしまう。

こんなことでいいのか？　執念が足りないと自問自答もする。その答えが、警察や検察の捜査のいい加減さや、世間的に立派な会社の実態を機会ある毎《ごと》に世間に訴える語り部となることである。私の言葉にエネルギーがあるなら、廻《めぐ》り廻って、奴等《やつら》にダメージを与えるはずだ。たとえそれが、負け犬の遠吠《とおぼ》えと言われようとも。

第二部　升味《ますみ》弁護士による解説

「逮捕するぞ」は警官ばかりではない

世間の人の逮捕のイメージというのは、警察官がいきなり訪ねてきて逮捕状を見せながら「逮捕する」と言って連行するとか、警察官が逃げている銀行強盗を取り押さえてその場で手錠をかける、というようなものだと思います。しかし実際はそればかりではありません。鈴木さんもずっと逮捕されていないつもりでいましたが、逮捕されていたのです。

日本の憲法には「人身の自由」というのがあります。国家がその人の身柄を拘束して拘置所や刑務所に入れるためには理由が必要です。特に人間の歴史から見るとよくわかりますが、そのときの「体制」が勝手に気に入らない人を捕える手段に逮捕や拘禁が利用されてきました。そこで原則として、司法官憲が発行した令状（逮捕状）がないと捕まえられないことになっています。司法官憲というのはこの場合、裁判官のことです。警察官や検察官はどんなに偉くても逮捕状は出せません。こうすることで「権力の横暴」から国民の人権を守ろうというのが、憲法の考え方です。

ところが、そればかり言っていると、犯人と分かっていても取り逃がすということも出てきます。例えば、「夫婦喧嘩《げんか》で今包丁で奥さんが刺されそうになっている」と近所の人が一一〇番に通報して、そこに警察官が駆けつけたとします。男がまさに包丁でスッと刺しているところで、返り血を浴びたまま包丁を持って逃げ出そうとしている。そのときに、逮捕状がないと逮捕できません、ということになると犯人を取り逃がしてしまいます。このような場合は、警察官がその場で犯人だと捕まえたとしても、間違いが少ない、人権侵害の可能性が少ない。そこで「現行犯」のときは逮捕状なしで逮捕できることになっています。

また、犯行の最中に遭遇したのではなくても、犯行を行った直後であることが明らかであるというような場合、一一〇番通報でパトカーがかけつけたところ、現場から少しはなれた路地で「返り血を浴びたまま包丁も持って」いる男が歩いているのを発見したときなどは、「準」現行犯逮捕ということで、逮捕状をわざわざ裁判所に取りに行かなくても、その場で逮捕することが可能なのです。

そういう場面に警察官がいないことも多いでしょう。例えば、隣の部屋の住人が駆けつけて捕まえるとします。この場合も逮捕になります。現行犯逮捕には「私人による逮捕」というものが許されているのです。ですから、必ずしも逮捕というのは警察官だけがするわけではなくて、普通の人ができる場合もあるのです。逮捕の種類は、次の表を見て下さい（表1）。

鈴木さんは逮捕されたのか

痴漢事件の事例は、鈴木さんに限らず他の無罪になった方の話を聞いても、固有名詞を変えただけでどれも似たようなものです。思いもかけずに「あなた触ったでしょ」「あなた痴漢でしょ」と言われ、「えっ、違いますよ」と当然反応する。そこへ駅員が駆けつける。「私は触ってませんよ」と一生懸命言う。すると駅員はこう言います。「ホームではなんですから事務室に来てください。そこで話を聞きましょう」。疑われた当人は、説明すればわかってくれるだろうと思って、先に立って事務室にいくわけです。そこへ今度は近所の警察官がやってくる。「まあ、話は警察で聞くから、一緒に来てください」と言う。そこで別にガチャッと手錠をかけられもしません。当

■逮捕の種類と要件(表1)

	意　義	要　件
通常逮捕	司法警察員または検察官の請求により、裁判官が発した令状による逮捕 (刑事訴訟法199条)	①罪を犯したことを疑うに足りる相当な理由 ②逃亡・罪証隠滅のおそれなどの必要性
緊急逮捕	捜査機関が理由を告げて逮捕し、直ちに裁判官に逮捕状を求める逮捕 (刑事訴訟法210条)	①犯罪が重大(死刑、無期または長期3年以上の懲役もしくは禁固にあたる犯罪) ②犯罪の嫌疑が十分 ③急速を要し、逮捕状を求めることができないこと
現行犯逮捕	現に犯罪を行っている者、現に行い終わった者を令状なしで逮捕する方式の逮捕 (刑事訴訟法212条1項、213条)	①犯罪を行っている最中の者 ②たった今犯罪を行い終わったばかりの者
準現行犯逮捕	犯罪を行い終わって間がないと明らかに認められる者を令状なしで逮捕する方式の逮捕 (刑事訴訟法212条2項、213条)	①犯人だと言われ追跡されている ②盗んだ物や明らかに犯罪に使用したと思われる凶器を所持している ③身体や衣服に返り血などはっきりした犯罪の跡が顕著に残っている ④呼びとめられているのに逃走しようとしている

「現行犯逮捕」及び「準現行犯逮捕」の場合のみ私人逮捕可能

人としては、やっていないわけだから、当然、すぐわかってもらえると思って勢いこんで警察に「説明に行こう」とします。もちろん、その間、誰も逮捕という言葉を口にはしません。しかし厳密に法的に説明しようとすると、鈴木さんの場合は、その後の手続ではっきりしたところでは、最初に駅のホームで痴漢行為をされたと主張する女性に「あなた触ったでしょ」と言われ、手をつかまれたところで「逮捕されていた」ことになっていました。つまり「私人による現行犯逮捕」ということになっていたのです。

でも、本人が「逮捕された」と思っていない「逮捕」などあっていいのでしょうか。「逮捕」とはどういう状態なのでしょうか。世間の逮捕のイメージは、手錠をかけられたり組みふせられたりという「物理的な身体の拘束」です。法的にいっても、人の行動の自由を奪い、ある程度継続的に拘束することが逮捕です。ただ例えば、身体に何かが触れていなくても、監視している人がたくさんいて、その人の身動きがとれなければ、行動の自由は奪われている。逃げようと思っても逃げられない状態です。そういう状態も、身柄が確保できていると見なされます。

しかし鈴木さんの場合、女性は一度腕をつかんだだけ。しかもそれは、全然気がついていない鈴木さんの注意を自分に向けさせるための方法でした。そのときは他に物理的に彼の身体を拘束するものはありません。電車を乗り換えるときに「触ったでしょ」と女性に手をつかまれ、ホームに降りたあとは、女性は手を離して対面して話しているだけですから、行動の自由は奪われていないわけです。鈴木さんが「僕は急ぐから帰ります」とか「失敬」と言って消えてしまえば、その場を立ち去ることは特になんの抵抗もなくできたのです。つまり、女性と鈴木さんは、駅のホームの雑踏の中で、自由に行動できる人間同士として話をしています。市民の感覚としては、逮捕されているなんて思いもしないでしょう。だから、厳密な意味では、逮捕されたとは言いがたい状態ではないかと思います。

痴漢の冤罪《えんざい》事件の教訓からいえば、本当に、自分は冤罪だ、そんなことをしていない、という意識がある人は、駅員に「一緒に駅の事務室で話を聞きましょう」と言われたときには、「行けません」と言うしかありません。「どういうことなんですか？」と言って、連絡先を渡して、その場から立ち去るしかないのです。警察が本気で事件にする場合は、改めて呼び出しがあるでしょう。その場合、いきなり逮捕状を持って迎えにこられる可能性も残りますが……。でも、一緒に事務室に行くと警官が呼ばれて、警察に連れていかれて……というベルトコンベアに乗ってしまうわけですから、これは「究極の選択」です。鈴木さんたち、何人もの痴漢冤罪事件の犠牲のうえに、多少最近風向きが変わり、やみくもに起訴はされないらしいという話も聞きましたが、今でもどちらをとるかは賭《か》けのようなものです。

悲しいことですが、やっていないのだから言えばわかる、という感覚は間違いです。こういう場合の駅員たちは、仕事として、痴漢だと言われている人を逃さないのが役割なのです。事情を聞こうとする姿勢ははじめから持ち合わせていません。その点を善良な人であればあるほど誤解してしまうのです。

例えば強盗事件があったとします。そういう事件では、警察が怪しい人物の中から犯人を絞り込んで、逮捕状を請求します。その際、その人が犯人だと疑うに足りる相当な理由と逮捕しなくてはならない必要性をはっきりさせる資料を添えて裁判所に出します。そこで裁判官は、この人を怪しいと言うのに相当な理由があると判断すれば、明らかに逮捕の必要がないと考えられる場合を除いて、逮捕状を出すことにＯＫのサインをします。逮捕状が出るまでにえん罪を防ぐチェック機能があるのです。ただ、逮捕状がどのくらい請求されて、裁判官がどのくらいＯＫしたかは次の統計を見て下さい（表2）。却下と取り下げ（撤回）というのが、逮捕状が請求されたが、最終的に

■裁判所による逮捕状・勾留状の発付状況（表２）

処分＼種類	逮捕状		勾留状
	通常	緊急	
請求総数	127,296	19,879	138,240
	（%）	（%）	（%）
発付	126,581	19,846	137,649
	（99.44）	（99.83）	（99.57）
却下	30	33	581
	（0.02）	（0.17）	（0.42）
取下げ（撤回）	685	－	10
	（0.54）	－	（0.01）

（平成14年司法統計年報2　刑事編14,15頁）

ＯＫが出なかった場合にあたるのですが、数字のケタが二ケタも三ケタも違います。現実には裁判官が逮捕状の請求を却下するということはあまりないことです。さらに、現行犯逮捕にはこのささやかなチェック機能さえないのです。

恐怖の「有罪行きベルトコンベア」構造

多くの人が知っている「無罪の推定」の原則があります。だから本当なら逮捕されても、法律上は無罪の推定を受けるはずです。

しかし現実は、逮捕の時点で「有罪行きベルトコンベア」にぽっと乗せられてしまって、あとは流れ作業みたいなものです。元検察官の弁護士が、日本の刑事事件は、一番初めに事件を担当する巡査部長が処分を決めていると言っていました。こいつが犯人だと考えた巡査部長が逮捕状を請求し、その逮捕状の請求に理由や必要があるかどうかをチェックするはずの裁判官がノーということは皆無です。事件が検察官の手にわたっても、そこで事件が被疑者の側から点検されることはなく、起訴に至れば、裁判官の審理を受けても一〇〇に一つも無罪にならず、相場の刑を言い渡されるからです。

しかも、現行犯逮捕のときはその逮捕に至るまでの間、チェック機能を果すものがまったくありません。その場の判断のみで、いきなり逮捕されてしまいます。さらには私人による現行犯逮捕もあります。こうなると、日本の刑事司法の現状とあいまって、私人である、被害を受けたという女性の確信だけで、「有罪行きベルトコンベア」は動きだしてしまう。これらはいわゆる「痴漢冤罪」が明らかにした、日本の刑事司法のとても恐《こわ》い点と言えるでしょう。

鈴木さんが逮捕された一日目の状況は普通の人が落ち込む最初の穴に、典型的に落ちていったというのがよくわかります。知らないうちに「有罪行きベルトコンベア」に彼は乗せられていたのです。知らないが故《ゆえ》の善意というものが、さらにベルトコンベアを加速させました。

私人逮捕は都合のよい処理に利用されているのか

おそらく、鈴木さんと同じような形で駅の事務室に連れて来られる人はたくさんいると思います。本当にやっていて「ごめんなさい」と言うしかない人が圧倒的に多いのでしょうが、中には誰が聞いても痴漢だというのは女性の誤解なんじゃないか、という人もいると思います。被害者が話しているうちに「あれ？ 違うかも」となったときはどうしているのでしょう。警察官は身柄を引き取っているわけですから、ホームで「逮捕されている」となると手続きは非常に面倒です。一旦《いったん》逮捕してしまった人を釈放すると、別な手続きが必要になってきます。それが面倒だから、その点をぐずぐずにして、そのまま逮捕も何もなかったことにする。この人を犯人だとするのは苦しいとなった場合は、「私人の現行犯逮捕はなかった」ことにして、そのまま一件落着にしているのではないでしょうか。民間人同士のトラブルがあって話し合ったのだけれど、別に犯罪行為がなかったからさよならしたという風に処理されてしまっているのではないかと私は疑っています。

そういう取り扱いの中で、警察官のほうで「これは事件にしよう」としたものだけが、鈴木さんのようにいい加減な形で、私人による逮捕ということになっているのではないでしょうか。

鈴木さんの事件の場合は、記録を見るまで、これは一体どこで逮捕になっていたかわかりませんでした。鈴木さんは警察に連れて行かれてから、「逮捕状を見せろ」と頑張っていました。最初に接見した弁護人の中西さんも彼に逮捕状は見せられたのかと聞きました。彼は、警察に捕まってだいぶ経《た》ってから取調室の入り口のところで「これが逮捕状だ」と見せられた、と言っていました。しかし現行犯逮捕ならありえないことです。実は、鈴木さんは逮捕状を初めて見るわけですから、「これが逮捕状だ」と言われてもそれが逮捕状かどうかもわからないはずです。事情聴取されている間に逮捕状が請求されて、逮捕状が出るということもありますが、この事件で？と不思議でした。もし、逮捕状があるのなら、記録としてついてくるはずですが、それはない。調べてみると、やっぱり、私人による準現行犯逮捕となっていました。逮捕者の署名は黒坂さんでした。

警察が鈴木さんの事件は立件することにしたから、それを決めた時点で「私人による準現行犯逮捕」があったことにしたのだと私たちは思いました。

自分の身にふりかかったら……

この事件に限らず、もし、身に覚えのない件で「逮捕ではありませんが、ちょっと事情を聞きたい」と言われた場合は、法律上は「嫌です」と言えます。逮捕状がなくて、言われるままについて行ってしまうと、これは任意で事情聴取されたということになります。捜査する側からすると、本人が協力してくれたからお話を聞いていましたという時間になるのです。法律上は逮捕状を執行すると、そのときから警察と検察であわせて七二時間しか逮捕状での身体拘束は認められません。ところが「任意の事情聴取」の名目の時間は実質的には身体拘束されているのと同じなのに、逮捕状があるときのような時間の制限はないのです。例えば、もう疲れたから帰りたいと警察に言います。そうすると、警察が、まあ、ちょっと続きは明日聞くから今日はどこそこへ泊まって、ということにもなるわけです。本人にとってみれば、警察の人が逃げちゃいかんよ、と言っているのですから、任意でもなんでもないわけです。が、法的には強制捜査ではなく、七二時間の制限もありません。

ですから「ちょっと署でお話聞きたいんだけど」と言われたら、まず「令状があるんですか」と聞きます。家宅捜索に来た場合も、まず「あなたは誰ですか。令状を見せて下さい」と言います。令状があれば仕方ありません。無ければ「嫌です」って言ってお帰りいただくことができます。「令状持って来るぞ」と言われたら、それまでに対策を練るまでです。

当番弁護士を呼んでください

なんだかよくわからないうちに捕まってしまって、どうにもならないときは、すぐに国選弁護人を付けられるものだと思っている人もいるかもしれません。でも、起訴されるまでは、国が費用を出してくれる「国選」弁護人はつけられません。

ただ、自分で弁護人を付けることはできます。弁護人を付ける権利は起訴の前でも憲法上保障されていますが、それは自費で付けることになります。弁護士なんて名前も知らないし、弁護料がいくらかかるかも知らないとあわてることはありません。今は、日本なら全国どこでも、弁護士会の当番弁護士制度があるので、当番弁護士を呼んでくれと言えば誰かが来ます。大昔は、弁護士を呼んでくれというと「誰を呼べばいいんだ？　名前を言わないとわからない」と言われ、知り合いのない人は呼んでもらえなかったということもありました。今では、警察が呼んでくれないということはありません。むしろ捜査側は、捜査段階で自白を裁判で否認されたりしたときには、「弁護人が付いているのに、このように自白している」という論理を裁判段階で使ってきます。

だから、逮捕されたらまず「当番弁護士に連絡してくれ」と言います。連絡できなければ「調書には署名しない、取調べに応じる気はない」と言って構わないと思います。日本全国、だいたい二四時間以内に誰かが来てくれます。

当番弁護士との一回目接見の費用はタダです。東京ですと、当番弁護士に登録している人は、おおよそ刑事弁護の好きな人だと思います。商売とは別な意味で刑事裁判に興味がある弁護士が比較的多く登録しています。国選弁護人の場合は、とても残念なことですが、第一回公判の当日まで話を聞きに来てくれなくて、被告人は第一回の法廷まで弁護人の顔も見たことがなかった、ということもあったそうなのですが、当番弁護士の場合はとにかく二四時間以内には接見にきてくれます。二回目からは、気に入れば、またその人にお願いすればいいでしょう。費用の点は、心配であれば法律扶助協会の扶助が受けられますから、お願いする弁護士に相談してみてください。刑事弁護の「弁護料」というのは、決められていません。二〇〇四年三月までは、表3、4の弁護士会規定の基準があったのですが、一律に基準を定めるのは独禁法違反だとの指摘で廃止になりました。でも、参考にはなるでしょう。弁護料は、弁護士によって結構違うのが実際です。かつ、民事事件のように「はい、いくらの利益が得られま

■刑事事件の着手金(表3)

刑事事件の内容	着手金
起訴前及び起訴後(第一審及び上訴審をいう。以下同じ)の事案簡明な事件	30万円以上50万円以下
起訴前及び起訴後の前段以外の事件及び再審事件	50万円以上
再審請求事件	50万円以上

※前項の事案簡明な事件とは、特段の事件の複雑さ、困難さ又は繁雑さが予想されず、委任事務処理に特段の労力又は時間を要しないと見込まれる事件であって、起訴前については事実関係に争いがない情状事件、起訴後については公判終結までの公判開廷数が二ないし三開廷程度と見込まれる情状事件(上告事件を除く)、上告審は事実関係に争いがない情状事件をいう。

■刑事事件の報酬金(表4)

刑事事件の内容		結果	報酬金
事案簡明な事件	起訴前	不起訴	30万円以上50万円以下
		求略式命令	前段の額を超えない額
	起訴後	刑の執行猶予	30万円以上50万円以下
		求刑された刑が軽減された場合	前段の額を超えない額
前段以外の刑事事件	起訴前	不起訴	50万円以上
		求略式命令	50万円以上
	起訴後(再審事件を含む)	無罪	60万円以上
		刑の執行猶予	50万円以上
		求刑された刑が軽減された場合	軽減の程度による相当な額
		検察官上訴が棄却された場合	50万円以上
再審請求事件			50万円以上

※前項の事案簡明な事件とは、前条の事案簡明な事件と見込まれ、かつ結果において予想された委任事務処理量で結論を得た事件をいう。

したから、その何パーセントの成功報酬をお願いします」という基準の決め方は難しいのです。値段と活動の間の相関関係もはっきりしません。実際、計りようがないところもあります。着手金や報酬が五〇〇万円以下の事件は受けないという先生もいるし、弁護士になった以上、刑事弁護はボランティアでもやるぞという先生もいるし、それは人様々です。

刑事事件は熱心に弁護すれば無罪になるかというとそうではないように思います。例えば、長崎事件という、痴漢の冤罪《えんざい》を主張している事件の先駆的なものがあります。有楽町線の中で痴漢にあったという女子大生の申告で男性が捕まったというものです。事件の詳細は省きますが、とにかく鈴木さんのより変な事件です。長崎さん本人もとても一生懸命頑張っていますし、ものすごく熱心な弁護人が何人も逮捕の日からついて活動しています。それでもよい結果は出ませんでした。熱心だからといっても、うまくいかないときもあります。

また、熱心にやってもらうには高額の弁護料を払う必要があるかというとそんなことはないのです。無罪になったので弁護士への支払のために先祖伝来の田畑を売ったという話も聞けば、いやいや無罪判決自体が弁護士の勲章だから、と最低額を分割払で払っただけという人もいます。

ただ、世の中では、検事で偉くなってから辞めて弁護士になった方のほうが、刑事事件では検事ににらみが利《き》くのではないか、人脈を通して有利にしてもらえるのではないか、と思うのは間違いです。特に政治家がそうかもしれません。でも、こういう点は自信をもって言えますが、そんなことは関係ありません。りっぱないすにデンとすわっている元大物より、若くて、小回りがきいて、何でもやってみたいという人に頼むのが良いと私は思っています。確かに技術的な面で、法廷であたふたしたり、検察官からの異議で動揺したりすることはあるでしょう。でも、基本的に現場を見てくれて、あれこれ考えてくれて、思いついたことをやってくれる、お互い遠慮のない口がきけるという弁護人でないと、否認している事件を争うことはできません。役に立つかどうかわからないけれど、あれどうだろう、これどうだろうとやってみるとか、「戦友」として知恵を出し合って気軽に動いてくれる、こういう事件だったら満員電車に乗ってみるとか、実験してみるとかをよくやってくれるというのが肝心です。

調書だけをオフィスで見て、本人から話を聞いて、文章を作るだけでは、絶対に冤罪ははらせません。自分の言い分をきちんと主張し証拠だててくれる人かどうかが、自分にとって良い弁護人かどうかの基準でしょう。

もちろん、本当に刑事弁護が好きで、老年になってもやっている著名な先生は何人もいらっしゃって、こういう大御所と一緒だととても心強いのですが、いかんせん数が少ない……。友人二、三人でやってくれる若い弁護士の刑事事件をやりたいという情熱を信じるのが、本当はいいのかなと思います。みんな弁護士になった以上は一度は無罪をとりたいと思っている、と信じたい。でも、あまりやっていない私が言うのもなんですが、刑事事件は、手間はかかるし、時間はかかる。再現実験やら、鑑定人との打ち合せやら心おきなく弁護活動をするには軍資金もかかる。弁護士もある年齢になるとどうしても、自らの生活のことも考えてしまいがちです。そうすると、この水準が活動の相場だからこれくらいやればいいか、と弁護活動を限定して自分を納得させようという誘惑にかられてしまうのです。ちょっとさびしいですが。

弁護士を選ぶときに、最も大切なのは、こちらのことをわかってくれそうだなという人を捕まえることです。ただ、自分と合わないと思ったら、なんであんな先生に何百万も払って……ということにならないうちに代えるべきでしょう。確かに、初めて逮捕された人が初めて当たった弁護士を代えるというのは難しいことですが、でも人生がかかってるのですから、そこまでの努力は必要です。

黙秘し続けるのは修行と同じです

私人による逮捕の場合、司法検察員が引き渡しを受けたときは、通常逮捕のときと同じ手続きを取らないといけないという規定があります。司法巡査は現行犯人を受け取ったときはすみやかにこれを司法警察員に受け渡す。その後は通常の逮捕の規定が準用されます。

条文の主旨からすれば、警察は、こういうことで現行犯逮捕されたんですよ、という被疑事実の要旨を告げなければならないのですが、鈴木さんの場合は、黒坂さんがあなたを逮捕したのだよ、という話を一度も聞いていません。すごく変なことです。そのあたりは、ぐずぐずと法律を使われていると言ってよいでしょう。ほんとに「テキトー」です。

他にも警察のいいかげんなところはあります。まず、鈴木さんが電話をかけているのは変です。逮捕されているのなら外部と接触はできないのです。両手錠を掛けたまま、被疑者が勤務先の課長に電話しているなどということはありえません。謎《なぞ》というよりも、本当にいい加減なものです。そういうところの延長に、新聞報道もされたような、勾留《こうりゅう》中の暴力団員を取調室で愛人に会わせたり、携帯電話で電話させたりということがあると思います。

こういうことに限らず、相当重罪でも、警察は、被疑者が自白していると「面倒見」と称して、取調べの必要がなくても房から取調室に出して煙草《たばこ》を吸わせたりします。でも否認に転ずると、いきなり面倒を見てくれなくなります。そうやって捜査官との人間関係を利用することで、被疑者が自白する方向へ促すのです。取調べというのは捜査の側から見れば、人間性のぶつかりあいであり、勝負である、というのですが、弁護人の側から見ると、拘束されている「素人《しろうと》」に対する露骨な利益誘導です。

大学で憲法や刑事訴訟法を聴くと、被疑者の権利というのがでてきます。わりによく知られているのは黙秘権です。警察が逮捕したときは、被疑者に黙秘権を告知しなければならない。それを侵害するのは違法です。無理矢理自白をさせたり、たとえ自白でなくても、黙っていたいという人を無理に喋《しゃべ》らせようとするのは違法です。

しかし、ついさっきまで市民社会で善良に生きていた人が、逮捕されて「私はやっていません、以後何もお答えできません」と宣言して、ずっと黙っていられるかというと、それは相当に難しいでしょう。完全に黙秘できる人は、すごく知識のある人か、捕まった時点から、国家権力とどうやって闘っていこうか、と常に脳味噌《のうみそ》の中でシミュレーションしている学生運動や政治活動などの「思想犯」です。そういう人でも修行だとでも思わない限り、完全黙秘はとても難しいと思います。

拘束されていて、周りが全《すべ》て敵のような状況の中で、人の良さそうなおじさんがフラッと取調室に現れて、煙草などをすすめながら世間話を始めたときに、それが聞こえないふりをして黙っていることはまず無理です。黙っていること自体が、ものすごい重圧、苦痛、ストレスになります。特に鈴木さんのように「善良なサラリーマン」は、説明すればわかってもらえると思ってしまいますし、かつ調べているほうは、黙っていると「答えられないからだろう」と挑発します。これを受けて立たずに聞き流すというのは大変ではないでしょうか。

「正しい弁護人」としては最初に接見したときに、黙秘権があるよ、徹底して黙っていなさい、弁護人が立ち会わないと何も話さないと言いなさい、とアドバイスするべきでしょう。弁護人が選任されても現在のように取調べに立会いができないのなら黙秘権だけが被疑者を守る手だてといってもいいからです。実際にそういう弁護活動を実践している方もいます。でも「軟弱な弁護人」である私たちは、完全に黙秘しろとは言えませんでした。やってないことをやったとは絶対に喋るな、ということを徹底してもらうというのが現実的だと考えたからです。

他の弁護士からは「なぜ、こんなに喋らせたのか？」と非難されるかもしれません。確かに黙っていないで喋ることには危険もいろいろあります。

やっていないということを理由付けるためにであっても、何度も取調べられていろいろ喋っていると、人間の記憶なので、前回の発言と矛盾することが、一ヵ所や二ヵ所出てきてしまいます。それ自体はあたりまえなのですが、取調べではその矛盾を突かれます。「おまえ一昨日《おととい》はこう言ったのに、今は、こう言ったじゃないか、違うじゃないか」と。本人はメモもなく、あれ？　どうしてだろう、と混乱してくる。嘘《うそ》を言っていると思われたのかと動揺する。そうやってどんどん追い込まれてしまうと、返事ができなくなる。そうすると、取調官から「やっぱりやったんだろう」と決めつけられることになりかねません。裁判になったときには、弁解が一貫しないという理由で、有罪の結論に達する可能性が出てくるのです。そういった恐《こわ》さはあります。

逆に黙秘を続けること自体が目標になってしまうと、もし、なんらかのきっかけで一言喋ってしまった時点で、挫折感《ざせつかん》からガタガタとんでもない方向にいくという不安もありました。難しいところですが、やはりこういう普通の真面目《まじめ》なサラリーマンに黙秘しろとは言いにくいです。鈴木さんの場合は、やったと言わされるということはほとんど考えられませんでしたし、幸いにも弁護人がほぼ連日接見できるので、フォローできるという気持ちもあり、「黙秘はしないが、やっていないと言いつづける」方針をとりました。

調書を作るのは取調官です

調書という言葉は、一般の方でも耳にすると思います。取調べをされると、取調べをした警察官や検察官が文章をつくります。それで最後に「読み聞け」といって、「今日の君が言ったことを今から読み上げるから」といって確認させ、間違いがないかと念押しをします。間違いがないと答えると、取調べられた人は、間違いありません、という確認のサインをして拇印《ぼいん》を押すということになります。取調べのときに話したことが一言一句速記のように残るのではありません。それでも調書ができあがってしまうと、「その日にその人はそのように言った」ということになってしまいます。

これは恐ろしいことです。捜査段階で「私が殺しました」と虚偽の自白をしたとしても、そうすると裁判になってやっていないと否認しても認められず、その結果有罪になることがあります。

それに、言葉にはニュアンスというものがあって、間違いとも言えないけれど、大きく感じが違うことがあります。それを取調官の都合の良いようにされると、あとでアレッ、そんなつもりで言ったわけではない、ということになります。

だから嘘《うそ》の自白をしないのはもちろん、真実の説明について調書をとられるとしても、必ず点検して、違うところは違うと言いなさい、と鈴木さんに伝えました。彼の性格が幸いして、相当きちっとやってます。ここまで食い下がった人は珍しいでしょう。普通、被疑者が調書を読み上げられて、それは違うと言うと、この箇所に訂正するという申し立てがあったという文章が追加されます。でも、元の違うと指摘した文章も残ってしまうのです。ところが、彼の場合は、調書自体を最初から書き直させました。ずいぶん頑張ったと思います。そのままやられていたら、「お尻《しり》を触れるところに私は立っていました」とか、言ったこともないような言葉を入れられていたでしょう。危ないところはたくさんありました。

調書の恐《こわ》い点として、裁判になると、文書になった言葉が実際喋《しゃべ》ったものとして評価されてしまう傾向が強いことが挙げられます。調書は「本人が話した内容を取調官が書き留めたもの」で、しかも「言葉の一字一句が喋ったそのとおりではない」という当たり前のことがしっかり確認されていないのです。

例えば調書の信用性、つまり内容が本当か嘘かが問題になったとします。公判段階で否認しているが、捜査のときに自白した調書があるときには、「調書の記載はきわめて詳細で臨場感に富み」真犯人でなければとても供述できない内容だからその中身が信じられるとして、有罪の理由にされます。裁判官がサラッとこう言えてしまうことに、私はいまだに納得がいきません。

普通の人がちょっと考えてみてもわかることですが、推理小説で同じような殺人場面を書いても、下手な作家と力量のある作家では、リアリティに雲泥《うんでい》の差があります。つまり臨場感や真実らしいディテールにこだわった表現というのは、調書を取っている人の能力、文章力にかかっているのです。警察には調書のコンクールみたいなものがある、というまことしやかな話もあるくらいです。

言うまでもありませんが、文章がいかに迫真的に見えても、それは中身が真実であるということとは結びつきません。しかし実際には、刑事裁判で判決を書く際の心証をとるときに、そこの恐さをわかってくれない裁判官が多いのではないでしょうか。

ですから、調書を取られるハメになったら、わずかなニュアンスの違いでも、引っかかったらサインをしない。「そういう趣旨ではないから直して欲しい」と主張する。さもないと、あとでボディブローのように効いてきます。変な裁判所に当たって、調書の信用性が問題になったときにかならず引っかかってきます。

取調べで、もし、たくさん弁解してしまったら、その中から都合のいいところだけを抜き書きされないようにするしかありません。せめて鈴木さん程度には抵抗する。そして書き直してもらう。それしかないと思います。

二泊三日の逮捕、まずは一〇日の勾留《こうりゅう》

法律上、逮捕状だけで身柄拘束できる時間は七二時間ですので、「二泊三日」とよく言います。警察が四八時間、検察が二四時間で合計七二時間です。この制限時間は何日という単位ではなくて、何時間という単位で考えるので、実際の逮捕の瞬間から七二時間ということになります。

スケジュール的には結構忙しいはずです。その時間内に、必要な捜査が終わらない場合も出てきます。そのまま釈放してしまうと、逃亡したり証拠隠滅されたりする可能性があるときは、勾留という方法を使い、引き続き身柄を拘束します。検察官が勾

留許可を裁判官に請求します。

勾留をするには理由と必要性がいります。刑事訴訟法第六〇条で詳しく定められているのですが、勾留すると決めるのは、逮捕のときと同じく裁判官です。

勾留は、起訴の前に捜査官が裁判官に請求して許可を求めるものと、起訴後に裁判所が必要性を判断してするものの二つがあります。ここで言うのは、起訴の前に捜査側が請求する「起訴前勾留」のことです。

①その人が犯したと疑うに足りる相当な理由と②a住居不定、b罪証隠滅のおそれ、c逃亡のおそれ、のうちの一つがいります。警察や検察はそのために、好き勝手にはできません。裁判所に勾留の理由があるかどうかを調べてもらいます。「勾留質問」といって、裁判官が直接本人に会います。請求を認めると、最長一〇日間勾留が可能になります。もうちょっと調べたい場合は、さらに一〇日間。それ以上は同じ犯罪については捜査側は勾留できません。この二三日の間に、逮捕した罪については、検察官は起訴するか不起訴にするか決めます。タイムリミットがあるのです。ですから、市民向けの刑事訴訟法の説明ですと、もし、身に覚えのない罪で逮捕されたのなら、二三日間だけ、やってないならやってないと頑張りなさいということになります（表

5)。

初めて逮捕され勾留された人は、いつまでこんな檻《おり》の中で過ごさないといけないのだ、と不安になるのが普通です。犯罪とは無縁に生きてきた人なら、カルチャーショックもあって、もっと不安になります。さらにあとの手続きがどうなっていくのか知らないと「自分はこのまま刑務所に閉じこめられるのか」と思ってしまうでしょう。そんなこと思うわけないよと言える人は知識のある人です。以前、放火罪で無罪になった若い男性は、捜査段階で嘘の自白を大量にしていたのですが、どうしてこんなに嘘《うそ》を言ったのかと聞くと、「だって先生、このまんま、裁判なんかなくて一生ここに閉じこめられるんじゃないかと思って。よく無罪のニュースとかあるでしょ、自白すると早く裁判がはじまるし、裁判官が見たらやってないことなんかすぐわかると思ったから、とにかくお巡りさんの言う通り、ハイハイと答えていたらこうなってしまった」と言っていました。だから手続きの流れを知っていることは大事なのです。人は苦痛にも終わりが見えていれば頑張れるものですから。

鈴木さんは、身元ははっきりしている、家族は一緒に住んでいる、明日からでも会社に行きたいと言っている人だから、逃亡するおそれもないし、定まった住所もある。

■逮捕の手続き（表5）

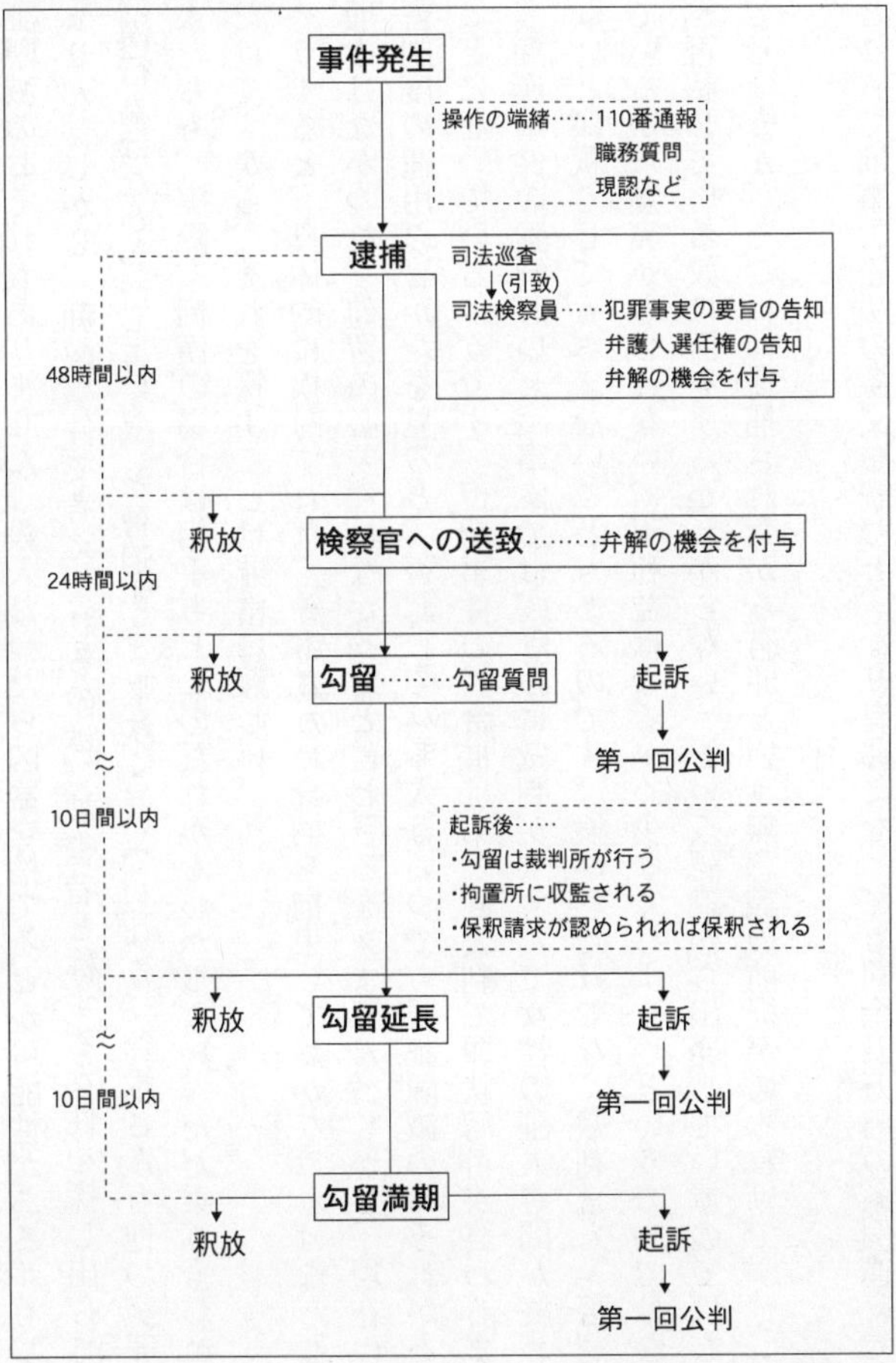
事件発生
操作の端緒……110番通報
職務質問
現認など
逮捕
司法巡査
（引致）
司法検察員……犯罪事実の要旨の告知
弁護人選任権の告知
弁解の機会を付与
48時間以内
釈放
検察官への送致………弁解の機会を付与
24時間以内
釈放
勾留………勾留質問
起訴
第一回公判
10日間以内
起訴後……
・勾留は裁判所が行う
・拘置所に収監される
・保釈請求が認められれば保釈される
釈放
勾留延長
起訴
第一回公判
10日間以内
勾留満期
釈放
起訴
第一回公判

罪証隠滅のおそれもありません。殺人だったら凶器を捨てるとか可能性があるかもしれません。しかし、痴漢事件で考えられるのは、被害者と称する女性を探し出して「痴漢行為はなかったと言え」と脅迫することくらいでしょう。鈴木さんも他の冤罪《えんざい》の人たちも、実際、痴漢の場合は相手もどこのだれかもわからない、ただ乗り合わせただけですから、それを探すことは非常に難しい。

そうすると、具体的に検討すれば、鈴木さんに身柄を拘束しておかなければならない理由はなかった、勾留の必要性はなかったと言わざるをえません。しかし、現在の勾留制度の運用のしかたを見ると、否認している人はいつでも罪証隠滅のおそれがあることになっているようです。否認事件の場合には第一回公判で罪状認否が終わるまで、痴漢事件の強制わいせつ事案では、さらに裁判がすすんで女性の証人尋問が終わらないと保釈もしてもらえないこともあるのです。検察官だけでなく裁判官も「否認しているから無実かもしれない、不利益はなるべく少なくしよう」という方向ではなく「否認している奴《やつ》は何をするかわからない」という認識から出発しているのではないでしょうか。そこには逮捕されたから有罪という無意識の前提があるわけです。

ところで刑事訴訟法の条文を読むと、なぜ有罪になっても罰金五万円の条例違反で、鈴木さんが一〇日間も勾留されるのか、と思われる点があります。刑事訴訟法には「三十万円以下の罰金、勾留又は科料に当たる事件については、被告人が定まった住居を有しない場合に限り、第一項の規定を適用する」という言葉で規定があります。法律を最初に作ったときの言葉の通りであれば「三十万円以下の罰金、勾留、科料」の場合は、住居が定まっていれば勾留できないのです。罪証を隠滅や逃亡のおそれの有無等の条件は考慮する必要はありません。だから、このもともとの条文だけなら本来は鈴木さんを勾留することはできません。ところがここに不可解な、長いこと放っておかれた括弧《かっこ》書きがあります。さっきの条文の「三十万円」のあとに「刑法、暴力行為等処罰に関する法律及び経済関係罰則の整備に関する法律の罪以外の罪については、当分の間、二万円」という括弧書きが加えられています。つまり三〇万円が二万円に引き下げられています。この件は罰金五万円で、括弧書きの二万円を超えているから、勾留ができることになります。法律の本来の決め方には、こういう軽い罪の人に勾留の不利益を負わせない配慮があったのですが……。「当分の間は」というのはどのくらいの間と思いますか。実は何十年も続いているのです。

会社に内緒が難しい

最初に言ったように、逮捕されると、「有罪行きベルトコンベア」からはよほどのことがないと降ろしてはもらえない現実があります。それが長い内偵期間を経た地検特捜部の検察官の令状逮捕でも、私人の現行犯逮捕でも、「逮捕された」というだけで、世の中の人は限りなく黒に近い灰色として逮捕者を見ます。これは当事者にとって、とても大変なことです。

その上、逮捕による身柄拘束の許された七二時間だけではすぐには釈放されず、さらに一〇日も二〇日も勾留《こうりゅう》されてしまうと、もちろんこの期間は会社にも行けません。会社に知られずに済まそうとすれば、何かお休みの理由を作らねばなりません。「逮捕＝黒」の「社会常識」の下では「痴漢に間違われて捕まった」と正直に理由が言えないのが普通です。少し前ですと、実家で突然父親が倒れたから一週間休ませて下さいとか理由をつくって、本人に代わって妻が電話をしたりしたものです。でも今は携帯電話があるため、そういうわけにもいきません。本人から連絡が入らないという不自然さは覆《おお》いようがありません。身柄拘束を一〇日もされたら隠せないのが現実です。職場や上司が非常に理解があって、「君が痴漢だなんて、それは間違いだよ、君に限ってあり得ない、頑張りなさい」というような会社はいいですが、今どきそんなところはありません。鈴木さんの会社の対応を見てもよくわかります。結局は逮捕、勾留とそれに伴う欠勤が引き金になって辞めざるをえなくなります。この勾留による社会的不利益というのはとても大きいものです。

勾留のために裁判官が質問します

結局、鈴木さんは勾留を請求されてしまいました。そして勾留を決めるかどうかを判断するために、勾留質問が行われます。勾留質問をする部屋で座っていたのは裁判官なのですが、私の知る範囲では、はじめてつかまって、この手続きを理解していた人はいませんでした。これも単なる取調べだと思っていた人がほとんどです。座っているのはそれまで取調べていた捜査機関の人ではなく裁判官なのですが、鈴木さんもそうは思っていませんでした。

裁判所の地下に小さな法廷のようなものがあります。そこで一、二分程、裁判官に「やったの？　やらないの？」「連絡したいことはあるか」「弁護人はどうするんだ？」という形式的な質問をされます。裁判所は、その内容を定形用紙に書き留めます。まれに、二〇分から三〇分くらいかけて、否認の理由、言い訳を聞いてくれる裁判官もいたようですが、あまり機能していないチェック制度と言えるでしょう。

反対に、勾留期間のときに「自白」した、「やりました」と言ってしまったことが、後に公判で無罪を主張するときに足かせになる例もあります。そういうケースというのは、たいてい取調べの手続きもよくわからず、もういくら言ってもわかってくれないので絶望してとか、このままもう一生出してもらえないかもしれないとパニックになってとか、取調官がこわくてとか、面倒くさくなってとか、普通でない状況に置かれて、警察の取調べの段階ですでに「やった」と言ってしまっています。だから、勾留質問でも、本人は混乱の極致です。質問しているのが裁判官だとは知りませんから、取調官に対するのと同じく、また「やった」と答えてしまいます。それで、「言われた事実には間違いありません」という書面ができあがります。でも、実際はやっていないので、公判段階になって否認します。そして、捜査段階で警察や検察で作られたやりましたといった調書には任意性も信用性もないといって争います。取調べがきつかったために、もう自暴自棄になって喋《しゃべ》ったんだ、と。すると検察官が、勾留質問のときの書面を出してくるわけです。これはあなたが言ったままを書いたものですね？

勾留質問は取調官ではなくて、裁判官に聞かれましたね？　そのときにもやったと言ったじゃないですか、と問い詰められます。そんなこと聞くだけ野暮です。不当な身柄の拘束をチェックするために、裁判官という別の機関が質問しているのに、全く機能していないうえに、逆に無罪主張のじゃまになっているのです。釈然としません。

一〇日で終わらぬ勾留《こうりゅう》期間

弁護側はこの鈴木さんの事件の場合、いくらなんでも勾留は一〇日で終わると思っていました。しかし、そうはいきませんでした。

実は中西さんは、そもそも鈴木さんを勾留したこと自体が間違っているとその取り消しを求めて準抗告しました。すると、裁判所がその準抗告に理由があるかどうかを調べるために資料を区検から引き上げ、検察官は鈴木さんを取調べようと思っても資料がない状態になってしまった。すると検察官のほうは「準抗告なんてしやがって、おかげで捜査が遅れるから勾留を延長する」という趣旨を、多少丁寧に中西さんに言ってきました。

それで中西さんが「こんな事件で、もう調べることもないし、鈴木さんは一〇日も拘束されているんだから、起訴をするかどうかは一〇日目で決めてくれ。もし、延長しないというなら、取り下げて記録を返す」という妥協案を出しました。いったんは、また検察官もそれで了解しました。ところが記録が検察官に戻って満期の日になって、検察官から延長請求すると言ってきた。中西さんは怒って裁判官に会いに行き、妥協的に一日の延長にとどめることができました。でも正直言ってこのあたりの対応は、嫌がらせとしか言えません。その間に検察官は、「君、延長になったから」と鈴木さんに言うために一回呼び出しただけで何もしていないのです。捜査のために鈴木さんを拘束しておく理由はなかったのです。身柄を拘束して、釈放しないぞ、こういう状態を例えて「人質司法」と言っています。このままでは大変だぞ、大変だぞ、と自白を迫る。その典型です。

鈴木さんの事件の話を最初に聞いたとき、私は、たとえ条例違反事件だとしても、会社を辞めさせられるかもしれないし、痴漢撲滅キャンペーンもあることだし、起訴まで行くかも知れない、という不安がありました。楽観主義者の中西さんは「なんだ強制わいせつの刑法犯かと思ったら、条例違反事件じゃないか」と言っていました。やってないと言っているんだし、なんにも証拠ないし、こんなもの起訴できるのか、と常識的にも思いますよね。刑事訴訟法の原則に従えば中西さんの見通しがあたるはずでしたが、やっぱりはずれました。

鈴木さんも普通に真面目《まじめ》に生きてきた人ですし、奥さんも正義感に溢《あふ》れた人です。やっていないんだから、やっていないといって、当然その話は通るはずだと考えます。しかし今のシステムだと、起訴されてしまうと、もっと言えば逮捕されてしまうと、こちらがいくら頑張っても、そうはいかない場合がほとんどなのです。その結果、弁護人は被疑者の信頼をどうかち得て維持するのかという難しい問題にも直面します。

これが殺人の疑いや贈収賄《ぞうしゅうわい》の疑いの場合は、たとえ勾留が長くなったとしても、本人も家族も、事件が複雑だから長くなっていると思えます。しかし、この件の場合は有罪になっても五万円の事件です。証拠も何もなくて、ただ被害者だという女性が言い張っているだけの状態なのに、いつまでも釈放されず起訴までされてしまう。そうすると被告人も家族も弁護人の腕を疑うわけです。同じような事件で、不信感を持たれて解任されてしまう弁護人もいます。家族としては、お父さんはちょっとした風邪のはずなのに入院させられたまま全然出てこない、そんな感覚でしょう。警察、検察の現状を話せば話すほど、弁護士さんはどっちの味方？　ということにもなり、弁護人としては非常に辛《つら》いものがあります。

生き方を問われる司法取引

鈴木さんもそうでしたが、痴漢事件では「今なら五万円で出られる」と司法取引のようなものを、多くの人が警察官に持ちかけられています。中には「三万円でよい」とバナナのたたき売りのように値引きされた額を持ちかけられた人もいました。普通の人にはどういう意味で言っているのかわからないと思いますが、これはまず「罪を認める」ということなのです。条例違反事件の場合、起訴されても裁判には正式と略式があります。略式というのは、五〇万円以下の罰金か科料（どちらも金銭を支払わせる刑罰です）を科す場合で被疑者に異議がないとき、ふつうは本人が起訴事実をすべて認めて争っていないときですが、裁判所は簡単に書面審理で罰金の判決にあたる略式命令を出し、その日のうちに罰金も払わせて、すべては終了という簡単な手続きです。

略式裁判では、裁判所で順番待ちをして、次々に命令の謄本《とうほん》を受けとって、そのまま検察庁の窓口に戻り罰金を払います。交通事故を起こして経験した方もいると思いますが、一五万とか二〇万とか収めて、それでおしまいです。形は楽ですが、罰金刑として、しっかり前科が残ります。有罪であることが前提となっているのですから、やっていない人にこういうことを持ちかけるのは大変失敬です。鈴木さんのように、やっていないと言い張ってしまうと、いつ出られるかわかりません。一〇日、二〇日会社を休んで、その間、適当にごまかしてというのは不可能な上に、警察はどうせ言うことを聞いてくれない、という取調べの状況があります。そうすると、だったらお金を払って出てくれればいいや、早く出てしまえば会社にも世間にもわからないし、と考えてしまいます。そういうところにつけ込まれるわけです。

この件に限らず「本当はやっていないが、略式で金を払って出たほうがよいだろうか」という相談は、弁護士にとっては非常に答えにくい難しい質問です。弁護士には答えられない問いなのです。実際のところ「あなたが決めて下さい」としか言いようがありません。

日本の今の裁判から考えると、一〇〇〇件のうち九九八件は有罪になってしまう。取引を拒絶してがんばっても、やっぱり有罪になってしまうかもしれない、しかもそのときの社会的ダメージは大きい。それをふせて、「そりゃあ、やってないのならやってないと頑張って、最高裁までやりましょう」なんて気安く正義感だけで言うわけにもいきません。だからといって、鈴木さんに「九九・八パーセントは有罪となってしまうのだから五万円払って出ちゃいなさい」とも言えません。弁護人としても、それはすごく嫌なことです。

たしかに、アメリカのどこかの州みたいに、起訴されても三割は無罪になるというのなら、頑張ってみようという気になりますが、この日本の現状では、そのように楽観的に言えません。格好はいいけど、あおりたてた責任を取ることはできないのです。

では、ここで認めてしまったらどうなるか。迷惑防止条例違反の痴漢犯人として、五万円払いました、ということは前科として残ります。例えば、この次に交通事故か何かあった場合に、前科として出るということです。まして、また痴漢の疑いで捕まったら、今度は常習犯で懲役刑もあります。そのことを伝えて、あとはもう「あなた自身の気持ちの問題だ」、そう言うしかありません。

日弁連でやった痴漢事件のシンポジウムに出て、他の無罪になった方たちの話も聞きましたが、みなさんとにかく「自分の人生観として、やってないのにやったとして、お金を払っては出られません」と言っていました。一方で、そうでない人も大勢います。家族に「お父さんは本当に世渡りが下手なんだから。そんなの黙って五万払って出てきちゃえば、会社を辞めずに済んだのに」と言われ家庭が冷え切ってしまった、と話す人もいました。そのお父さんは無罪になったにもかかわらず、精神的にすごくぼろぼろになってしまいました。ですから、これは他人はなんとも言えない、弁護士に聞かれても決められない、その人の人生観の問題なのです。

鈴木さんの場合、奥さんが「私は彼が〝やった〟と言ったっていいんです。〝人を殺した〟と言ったっていいんです。彼が家族にとっていい父親で、いい夫であって、かけがえのない人だっていうことにかわりはないし。だからもし痴漢をしていたのならそう認めて、そのうえでどうするかってこれからの生活を考えます。でも、彼はやっていないと言っているし、頑張っている。私もやってないと思っている。それなのに私のほうから〝認めてしまって、早く出てきて〟とは言えない」と言っていました。ですから、司法取引も問題になることはありませんでした。その点に関しては鈴木さんは幸せ者なのです。

検事は何をしていたか

弁護人としては、鈴木さんを取り調べた検察官にはもうちょっとしっかりして欲しかったと言いたいです。本来であれば、検察官は警察が調べたものを批判的に検討してというか、足りないところを検討して、身柄の拘束が本当に必要か、また起訴するかどうかを判断する重大な役目があります。起訴するかどうかしっかりとしたハードルを設定する役目があるはずです。それをしないのなら、警察が起訴すればいいだけですから、検察官だけが起訴・不起訴を決められるという制度はいりません。しかし、今はハードルが敷居の高さもなくなってしまって、言ってみれば、無意味なバリアフリーになっています。非常に歯がゆい状態です。

ただ、そうなってしまう背景というのは想像できます。例えば、殺人事件について、こいつが犯人だということで警察が大量の証拠とともに事件を送ってきたときに、あれ、この鑑定書はおかしい、と思い、検察庁の検察官がもう一度鑑定をやってみようとする。しかし検察官というのは、警察のように何万人もいるわけではない。脳味噌《のうみそ》だけあって、捜査のための手足がない。そのために、警察という現場に補充捜査を頼みます。権力というよりも、権威がなかったら警察も気持ちよく動かないので、その点に自信や自覚がないと結局、警察の顔色を窺《うかが》うと言ったら失礼ですが、どうしたって現場のほうが強くなってしまいます。そういった検察、警察の関係が背景としてあると思います。

鈴木さんの事件で言うと、検察官がやったことは、警察が何度もとった鈴木さんと被害者のそれぞれの調書を、破綻《はたん》のないように美しい調書にひとつずつまとめるという作業だけなのです。弁護人としては、警察と違って検察はここまでやったのにどうして起訴したんだ、というくらいのことを言いたかったのですが、新しいことは何もなくてただ調書をまとめただけでした。

この件は条例違反事件ですから、区検で調べられました。だから検察官は、区検の副検事（検察事務官をやって、一定の資格を得た人）でした。でもこれが地検の検察官だったとして、判断が変わったでしょうか。結局おなじようなものだったのではないかと思います。

保釈金一五〇万円

鈴木さんはやっていないと頑張ったけれども起訴されました。起訴というのは、検察官が起訴状を作って、これを裁判所に送ることを指します。起訴されると、その被告人を拘束するのは裁判所になります。裁判所は公判期日に被告人の出頭を確保する必要があります。たとえば、住所不定の人を釈放してしまうと、第一回公判までどこに行ってしまうか分からないというときは、裁判所が被告人を勾留《こうりゅう》しておくのです。起訴されたからといって、ハイ、もう帰っていいですよ、と出してはくれません。

ただそれまではいろいろ問題のある代用監獄である各警察署の留置場に入れていたのが、だいたい都内なら小菅《こすげ》にある法務省が持っている拘置所に移されます。よくテレビニュースで、政治家が捕まって、黒い車で門をくぐっていくところが映されますが、あれが小菅の拘置所です。こういう政治家がらみの検察庁特捜部がやった事件では、被疑者は警察が捕まえるのではなく、検察官が捕まえているので、原則に戻って拘置所ということになっています。本来は、全《すべ》ての逮捕者に適用されるべきことです。

起訴されると、被告人やその家族ができるのが保釈の請求です。「保釈」という言葉自体はわりに知られています。「逮捕されたので、すぐ保釈を取ってくれ」と弁護士のところにこられる家族もいます。しかしそういうわけにはいきません。起訴されてはじめて世間で知られているような保釈金を払って、保釈が可能になります。警察が逮捕して勾留がついている間は、検察官が身柄を放すかどうかを決めるのであって、弁護人は勾留の取消しの申立などはできますが、いわゆる「保釈」というのはできません。

刑事訴訟法の原則では、除外理由がなければ、保釈しなくてはいけない、となっているのですが、現実はそんなに甘くありません。こういう理由も、こういう理由もなくて、裁判所がご心配になるようなことは何もありません、その上、出廷に応じないときは没収されてもかまいませんから、お金も払いますので保釈してください、とお願いするのが現実です。

保釈の請求をした場合、「左の場合を除いては、それを許さなければならない」となっていて、その項目は大まかにいって、①重罪にあたるもの。②被告人が罪証を隠滅すると疑うに足りる相当な理由があるとき。③被告人が、被害者その他事件の審判に必要な知識を有すると認められる者若《も》しくはその親族の身体若しくは財産に害を加え又はこれらの者を畏怖《いふ》させる行為をすると疑うに足りる相当な理由があるとき。④被告人の氏名又は住居がわからないとき。以上の四つです。だから条文の体裁としては、こういう条件に当てはまらない場合は、全て保釈しなければいけないのです。これを権利保釈というのですが、しかし、実際には、被告人が否認している場合は「罪証を隠滅すると疑うに足りる相当な理由がある」とすると決めている、としか思えないような運用がされています。そうなると、裁判所に「おすがり」して保釈していただく裁量保釈しかないわけです。

鈴木さんの場合は、起訴されたら保釈請求するぞ、とこちらも待っていましたから、保釈の手続きをすぐ済ませました。保釈金は一五〇万円でした。かなり高いと思われるでしょう。有罪でも五万円の事件で、一五〇万円の保釈金を取るというのはバランスが悪い。

保釈金というのは、被告人が公判に出頭することを確保するためのお金です。一〇〇万円以下ということはまずありません。安くて一〇〇万円。痴漢で条例違反で無罪になった人の弁護人に聞いたところ、二〇〇万円とか二五〇万円の人もいました。

それに、保釈の際には、裁判所は保釈金以外にも条件を付することができます。痴漢事件の場合には保釈金を積んで、かつ、被害者に接触しないという念書を提出して、それでようやく保釈されることが多いようです。やっていないという被告人にはほんとに屈辱的です。保釈の条件として、通勤経路を変えろという要求を裁判所からされ、定期券を買い換えたという証明を出した例もあります。いやだと思っても拒絶したら出られませんから言いなりです。やってないとしてもこのような手続きが必要なのです。腹立たしいことですが、裁判官の目から見れば、本当に痴漢をしている可能性もゼロではないのですから、被害者の女性のことを考えるとしかたのない方法なのでしょう。

結果的に鈴木さんは、逮捕から一四日目で保釈になっているので、まだいいほうです。同じ痴漢事件でも性器付近までわいせつ行為をしたといわれる強制わいせつ事件になると、保釈が認められず、裁判が始まり、女性の証人尋問が終わるまで一〇〇日以上も勾留されることもあるのです。ちなみに強制わいせつ罪になると罰金の可能性はありません。懲役刑になるので、格段に刑罰は重くなります。

会社はあなたの味方ではない

保釈されてから公判までの間、鈴木さん自身は「災難」にあったという感覚でした。「日本のサラリーマン」として当然なのかもしれませんが、明日からでも会社に行って仕事を再開したいという気持ちを持っていたのです。ところが、会社は、出てくるなと拒否し、自宅にいることになってしまいました。鈴木さんをはじめ、日本のサラリーマンは、心のどこかに、会社はわかってくれるのではないか、という気持ちや幻想を抱いていると思います。

刑事訴訟法の原則から言えば、逮捕されても、起訴されても、無罪の推定が働いているはずなのですが、現実はそうではありません。日本では逮捕されれば、社会の評価は黒に近い灰色だし、起訴されればもう真っ黒です。そうすると、どんなにえん罪のように見えたとしても、会社にとってはお荷物だということになります。会社には個人の闘いを支援しなければならない理由はないのです。

鈴木さんは起訴された直後から、会社には厄介者扱いされ、辞めないのがおかしい、というようなことをさかんに言われるようになりました。ほんとうは、それがおかしい。しかしそれが日本の会社の実態です。

裁判が始まってから、何度か上司が法廷に来ました。でも、結局、検察官が有罪を前提に追及していることを聞くしかないので、刑事裁判の実態をわかっていない人から見れば、有罪の心証がますます強くなってしまうだけです。傍聴に来ていた上司には「とにかく有罪が確定しない間は無罪の推定が働くのだから、これを理由に懲戒解雇するのは許されない」と伝えました。そういうことをしたら当然争うぞ、という意思の表明です。会社も当然顧問弁護士に相談するでしょうから、懲戒解雇は現状では難しいという結論を得るだろうと予測していました。だから会社側としては、やめさせるには嫌がらせに近い退職強要をするしか手がありません。もちろん強要というのは相手が応じなければ成果はないわけですから、鈴木さんが嫌だと言い張ったり、ひとりで労働組合を作ったり、そういうようなことを始めれば、別の成果はあったかもしれません。

こういった場合、会社とどう折り合いを付けていくかが難しいところです。労働組合、地域の労組に入って交渉代行してもらうなどして本人が頑張れるのなら、そうしたほうがいいと思います。しかし、そこは本人の選択の問題です。自分の生き方としてそういうのは好まないという人もいるので、こちらから無理におすすめするわけにもいきません。

鈴木さんの会社は、渉外部長がはじめから警察の言い分をそのまま鵜《う》呑《の》みにして、自分のところの社員を信用していませんでした。その点が特にひどかったと思います。やっていないのに逮捕するわけがない、まして起訴されたんだから、世間から見たってやったってことでしょう、とまで言いました。出社させてくれと鈴木さんが言うと、お前の会社は逮捕者を営業に使っているのかと非難されたらどうするんだ、という返答。そのうち働いていないのに給料を満額もらうのはおかしいから、休職しろと言い出す始末です。でも働かせていないのは会社なのですから、ちょっと考えたら無茶な話だとわかりそうなものですが。会社に迷惑をかけていて平気なのか、とも言いました。鈴木さんは迷惑をかけているのではなくて、とんでもない災難の被害者なのです。彼に対する共感も同情もない対応でした。

鈴木さんは保釈されて自宅にいます。しかも簡易裁判所の事件で、一ヵ月に一回、半日くらい出頭すれば足り、弁護人との打ち合わせは夜に行うということにすれば、休みは有給休暇で十分でした。休職にする理由もありませんし、職場復帰を拒否する理由も何もありません。しかし、鈴木さんは出社することもできずに家にいて、子供には不思議に思われていました。鈴木さんにとってみれば、それが一番の精神的苦痛でした。

そんなこんなで鈴木さんもひとりで頑張っていましたが、結局一審の途中で休職願いにサインをしてしまいます。正直言うと、この事件で一番残念なことでした。

鈴木さんは人のいいサラリーマンで、一方で会社の論理もわかってしまう。自分が会社の立場であればやっぱり同じように対応するだろうなあ、という気持ちがどこかにあったのだと思います。そこが会社に対して頑張りきれなかった大きな理由ではないでしょうか。会社が休職を強要したのは不当だという裁判もしたのですが、結局刑事事件の一審の途中で退職金をもらって退職することで和解しました。この時点で、弁護人の感触では、刑事裁判が一審はどうも有罪判決になりそうだと感じたのも決断の理由です。もし一審で有罪判決が出たら有罪の推定が強まることで、会社は強気になり懲戒解雇してくるだろうと考えました。懲戒解雇されてしまうと退職金が出ないし、雇用保険も不利になる。控訴《こうそ》して高裁で争っても逆転は簡単ではないのが実状だし、今のうちに退職しておくのも一つの方法かもしれないということで決めた背景があります。

弁護の「核」がみつからない

鈴木さんとしては、保釈されて出てきたところで、一区切りついてしまったかのような感覚があったと思いますが、本当はそこからが本番なのです。

まず弁護人としては「鈴木さんは無実である」と主張するのは当然です。でも、それをどうやって裁判所にわかってもらうかが問題です。

痴漢をやっていないといって争うのは、殺人や放火などの場合と違った困難があります。有罪と言っている側も、無罪と言っている側も、客観的な証拠が乏しい。殺人や放火など現場や犯行の状況が残っているものなら、冤罪《えんざい》の場合、どこかに手がかりがあります。あると信じて、それこそ現場検証の写真を虫眼鏡で一枚ずつ点検したり、あるいは目撃者がいればその調書を隈無《くまな》く調べて、ほんとに目撃が可能か、そのような事態がありうるかどうかを検討したりします。その上で殺人や放火の手段と言われているものと、客観的な犯罪の痕跡《こんせき》との矛盾を発見して、それを無罪主張のとっかかりにすることができます。

鈴木さんのケースは痴漢のような一過性の犯罪を争う難しさの典型でした。純粋に可能性の有無だけからいえば、鈴木さんに犯行が絶対できないかというとそうではない。背中あわせに乗り合わせたのは間違いないのですから。その前提のもとで被害者が「痴漢行為をされた」と言ってる調書と、鈴木さんが「痴漢行為をしていない」と言ってる調書しかないのです。痴漢行為があったのか、あったとしても、それが鈴木さんなのかという点のどちらが真実かを点検するべき犯行当時の客観的な証拠というものがないのです。

　刑事訴訟の原則から言えば、有罪を立証しなければならないのは検察官ですが、実際はそうではありません。こんなことはありえない、こんなに変だと言って、検察官の主張を完全に壁際《かべぎわ》まで追いつめてようやく無罪になるかどうかというのが今の刑事司法の現実、弁護士の実感なのです。

　鈴木さんの事件の場合、弁護人の切実な願望として、たった一つでもいいから、とっかかりになる材料が欲しかった。その被害者が言ってることが嘘《うそ》だということを、他の客観的事実に照らして明らかにするか、被害者が言ってることが客観的にありえないということを明らかにするか。何か一つ、ガラスの絶壁をよじ登る手がかりが欲しい。そうでないと無罪だ無実だと叫んでみても、ただ喚《わめ》いているだけになってしまう。だから相当アホなことでも気付いたら確かめてみる。そういう一〇〇のムダを重ねて初めて、一つか二つ役立つ事実が見つかるのだと思います。というより見つかると信じています。信じる者は救われる、信じなければ絶対ダメです。

　ムダの例をいえば、被害者の女性は身長が一六六センチで、ヒールが七センチの靴を履いていた、加害者と言われている鈴木さんのほうは身長が一八二センチ近くあるので、もし、触っているとするなら、すごく変な格好になるのではないかなと思いました。でも、たまたま私の身長がそのくらいですので試してみましたが、できないことはありませんでした。では、満員電車で触り続けたとしたら、その姿勢がとっても変だってことはないかな、とも考えましたが、これも太股《ふともも》に触ろうとすると多少肩が下がる程度でした。満員電車ではそんなに不自然でもないわけです。

さらに、記録を限無く調べてみました。読めば読むほどすごく中身が薄く、もう一時間あれば隅から隅まで読めてしまうような記録で、深さも何もありません。こんなもので起訴されてしまって、やっぱり弁護人のやり方がいけなかったのかと力が抜けました。それでも、とにかく同じ時間帯の現場に行ってみました。調布《ちょうふ》駅で、乗り降りする人を観察し、満員電車に乗る。すごい混みようです。体が斜めになったまま、身動きのとれない電車もある。それから鈴木さんの持っていた荷物と同じ荷物を持ってみる。鞄《かばん》とジムのトレーニング用品の入ったビニール袋、さらに傘を持っているのは相当大変です。下手すると七五センチの長い傘が横向きになったまま、よその人の間に挟まってしまう。片手にこの四つの荷物を全部つかんで、満員電車の中で仁王立ちして二〇分間、女性のお尻《しり》を撫《な》で回すという行為は、「痴漢」に使命感でもないとできないと思いました。でもこの「可能性はあるが、非常に変」であることを、どうやったら裁判官にわかってもらえるか、あまりいい案が浮かびませんでした。

京王線の調布駅から新宿駅までの急行や通勤快速が朝の通勤時間帯に混んでなかったっていうほうが珍しいでしょう。「公知の事実」だと思いますが、でも安心はできないのが裁判です。裁判官にわかってもらうためには、どんなことでも客観的状況を確定しなければなりません。ビデオカメラを持って乗れるような状態ではないので、しかたなく調布駅から鈴木さんと中西さんが二人乗ってきたところを、私が桜上水《さくらじょうすい》駅で待ち構えていて写真を撮ってみました。中西さんはわかりやすいように、わざわざ目立つ白いコートを着てドアにやもりのようにへばりついて乗ってくれたので、その写真もあります。電車の中の混んでいる様子も、中西さんたちと撮ったのですが、人が多すぎて思うようなアングルでは撮れませんでした。

それから鈴木さんが持っていた荷物を全部重さを計って調べたり、それを持ったときにどんな格好になるかを調べたり、そんなことを細かくやっていきました。それでもまだどうしたら裁判官がおかしいと確信してくれるか、その「核」になるものがすっきり見えませんでした。

それでも、検察官の出した証拠の中にひっかかるところが出てきました。変な話ですが、被害者はお尻を触られたと証言しているのですが、どうやって触られたのかがよくわからないのです。調書にはただ「掌《てのひら》と指で触られた」としか書いていない。まあこれは尋問で聞いてみようと思いました。靴かスカートを、証拠で保存できないかなということも考えました。被害当時の着衣だから、警察の方で押収《おうしゅう》していると思っていましたが、残念ながらそれはありませんでした。一応、刑事訴訟法上、証拠を保全する命令を裁判所に求めることはできます。それでスカートと靴とを裁判所に引き上げられないかと思ったのですが、被害者の住所がわからないし、着衣がどこにあるかすらわからない状態で無理でした。

弁護の「核」、つまり、ここを突けば何とかなるっていうのがなかなか発見できない。当時すでに痴漢事件で争ってるという人たちのグループがいくつかあったので、弁護人たちに連絡を取って聞いてみたりもしました。しかし、この件に比べると、女性が言っている被害が異常に深刻であったり、異常に不自然であったりでした。例えば、被害者は、手じゃなくて、ただ固いものが当たっていたと言っていて「その温度差がコートの上から分かった。性器を押し当てていたのだ」と供述している。これは極端な話です。ほとんどの方が、そんなのあり？ と思うでしょう。このケースでさえ、犯人にされた男性は、無罪を獲得するために相当の出費と肉体的苦痛に耐えて自らの人体で実験して、そんなものはわからないという鑑定書を大学の先生に書いてもらわなければならなかった。他のケースでは、非常に小柄な女性がドアに向かって立っていて、その女性の右の肩を越えて後ろからドアに手のひらをついて身体《からだ》を支えて立っていた被告人の男性が、左手で尻を触ったとか、股《また》の間に手を入れたとか言われたというものもありました。このケースでは、被疑者と被害者の身長差が極端で、その状態で股の間に手を入れることが不可能というか、非常に変なのです。弁護人が言うには、床の上の落とし物を取るみたいになってしまう。男性の右手は女性の肩越しに窓についていたことは誰もが認めているから争いはない。男性の右手の位置が決まってしまうと触ったっていう左手の位置が不自然すぎる。いくら満員電車で体勢が変でもわからないといっても、屈《かが》みこんで落とし物を探すような形で、二〇分間くらい触っていたなんて、それは、直感的にも視覚的にも変です。

ところが鈴木さんの件の場合は被害者の女性の言い分はただ右側のお尻を服の上からなでられたというだけなので特徴がなにも無い。本当に困ってしまいました。

調書を見ると、被害者は、犯人は最初は指で触っていたのだけれど、あとで手のひらになったと言っています。私はそこが引っかかりました。お尻が指で触られているのがわかるかな？ と。中西さんが心理学科出身の弁護士ということもあり、昔習った認知心理学でも、お尻は鈍感であったという。そういった人脈を使って確かめてみたり、二冊で三万円の生理学の教科書を買って、それで調べたりしたのですが、やはりお尻は鈍感であることが確認できた。これも使ってみようかと思いました。

よくあることですが、この件でも一つの柱は、被害者の調書がだんだん詳細になっていて、鈴木さんを犯人だという理由がどんどんそれらしく詳しくなっているという「おかしさ」を指摘する必要がありました。調書を作るときの聞き方でバイアスもかかる。当然のことながら、どんどんまとまっていきます。聞き方によって答えはいくらでも変わるわけですが、それにしても大勢の乗客の中から鈴木さんを犯人だと判断した過程っていうのがすっきりしないのです。そのあたりの被害者の供述の心理とか、あいまいなものが話しているうちに確信になってしまう過程を学問的に説明して反映できないかと考えました。たまたまそういうところはまめな中西さんが顔を出していた研究会がこの問題をとり上げていました。そこで心理学の先生に、取調べの過程で被害者や目撃者の供述が歪《ゆが》んでいくプロセスを学術的に説明した文書を作ってもらいました。

その他には、これはというものがなかなか見つからず、簡易裁判所の第一回公判期日は迫ってくる。本当に気が滅入《めい》りました。

結局、相談の結果、①痴漢行為そのものがなかったのではないか（女性の勘違いではないか）、②少なくとも鈴木さんは両手に荷物があって犯行が不可能、③鈴木さんが犯人だという特定が不十分、④鈴木さんのトラブルになって以降の行動は、犯人だとすると不自然という点を弁護人は指摘して、鈴木さんがやったという認定をするには合理的疑いが残ると主張することにしました。

しかし①は鞄《かばん》や傘や手が嫌でもあたる満員電車の状況を裁判所が理解しても、「被害がある」という女性の訴えを「勘違いですよ」とは言いそうもなく、決定打にはなりません。

②に関しては、両手に荷物をもってずっと乗車していたことが証明できれば大きな得点になります。そして、記録を読んでも誰も鈴木さんが片手で荷物を持っていたとは言っていないのです。笹塚《ささづか》駅では被害者という女性自身が相手は両手に荷物を持っていたとさえ言っています。しかし、調布で両手に荷物を持っていると言っているのは鈴木さん本人だけですし、純粋に可能性だけ言えば片手で全部持つことができない

とは言えません。こういうとき裁判所が、「荷物の重量、形状から、片手で二〇分間にわたって持つことはきわめて困難で不自然である上、被告人が片手で荷物を持っていたとの証拠はなく、被告人が本件犯行をなしたとは認定できない」などと言ってはくれないだろう、という「確信」が弁護人にはありました。だからこれだけではだめだと判断しました。

そうすると③が大事な点になってきます。中心は、被害者という女性の供述のおかしさを浮き彫りにすることになります。

④の鈴木さんの行動というのは、たとえば「司法取引」に応じずに、社会的に不利益になるのに争っている点や堂々と「弁解」している駅での態度などです。ほんとにやっている人だったら「すみません、五万払いますから、すぐ略式裁判してシャバに出して下さい」というほうが普通です。恥ずかしいことなのですから。

というわけで、③と④をわかってもらうことを目標に、そのあとの悪戦苦闘が始まりました。

女性はなぜ鈴木さんを犯人と思ったのか

痴漢にあったという女性は、どうして鈴木さんを犯人と思ったのか。

例えば、お尻《しり》を触られたのでその手をぐっとつかんで「これ誰の手ですか」と言って捕まえた、という場合だと男性は「この手は私の手ではない」とはいえませんから、「お尻を触ったんではなくて、手があたっただけだ」という証明をしない限りその男が痴漢ではないとは言いにくい。あるいは、触っている手を確認して、そこから腕、肩、顔を見ていって、この男だとわかった、それで電車を降りたところで、その顔の男を捕まえて突き出した、というのであれば、女性がその男を犯人と判断したのは、間違いが少ないでしょう。

でも鈴木さんのケースは、そのあたりがもやもやっとあやしいのです。痴漢されていたのは調布から明大前《めいだいまえ》まで二〇分強、痴漢だといって突き出されたのは、明大前からさらに一駅乗って、電車を降りたあとです。痴漢だと確かめる時間はずいぶんあります。私だったら五分以上触られたら「身の毛がよだつ、気持ち悪くて産毛《うぶげ》も逆立つ」から、いったん電車を降りてよその車両に移ってしまいます。まあ、気が弱くて逃げ出せない女性もいるかもしれないから、この点の不自然さは棚上げするとして、でも顔ぐらい確認する。

だから、被害者の供述としては「触っている手を見て、触っている人を見て、顔を確認した。それでその男をホーム上で捕まえたので間違いない」という風になっているのだろうなと思いました。

ところがどうもそうではない。最後に被害者の供述をまとめた検察官の調書では、彼女が鈴木さんが犯人だと特定した理由は、「左後ろの人ではない」から右後ろの男性だ、お尻を触っていると思われる方向の「腕の」背広の色が変わった色で、その男をちらちら見たら、「芸能人のように濃い顔だった」からだといっていました。

つまり、被害者である女性の言い分は、こうなります。自分の背中合わせに右後ろと左後ろに男性がいて、右後ろに立っていたのが鈴木さん。調布を発車した直後から触られていた。それでなぜ右後ろに立っていた鈴木さんを犯人だと思ったのかというと、「顔をちらっと見たら、目のあたりが濃かった」と言いつつ「左側の男性の腕は前のほうに伸びていたので、触っていない。したがって右側の男だ」と言うわけです。それに、自分が摑《つか》まっている吊革《つりかわ》の脇《わき》の下から見ると「右側の男の腕がお尻のほうに伸びている。だから絶対これだと思った」とも言っていました。鈴木さんを捕まえた理由としては、他の人のはずがない、お尻のほうに伸びていた腕の背広の色と同じ色を着ていたとさかんに繰返しているのです。

どうもおかしいのです。誰が考えても変だと思います。女性のいうとおりであれば、警察に、「なんでこの男と思ったのですか?」と聞かれたときに、顔を見ているのですから、「誰が触っているかと思って、周りを見回して、顔を見たらこの人だった。その男を捕まえたので間違いありません」と言うのが普通です。一番確実で自然です。それなのに、触っている手自体は見ていない、顔の話は通りいっぺんで、あとは左の人が違う、だから右の人と消去法で主張し、補強として普通のサラリーマンの着ない茶っぽい背広だったと言う。ここに何かあるのでは、と考えました。

それで捜査段階での被害者の供述調書を全部開示してもらいました。案の定、初めの警察での供述調書では「左側の男でないから、右側の男」「背広の色」でこの男に間違いない、となっていました。男の顔ははっきりと見ていない、とまで言っていました。それが何度も調書が作られるうちに、だんだん「脇の下から腕を見て痴漢行為を確認し、その腕の背広が独特だった」「顔を見たが、目や眉《まゆ》のあたりの濃い男で芸能人に似ていた」したがって間違いない、となっていくのです。

つまり、この被害者は、一番初めの話では、痴漢だと思った男の顔は見ていないし、だいたい痴漢をしている男の、自分のお尻を触っている手を見ていません。あたっているのが本当に手であったのか、手であったとして、鈴木さんの手であったのか、確認できる状態ではなかったのがよくわかりました。

何しろ身動きができない満員電車なのだから、右側左側以外にもぐしゃっとくっついて人が荷物を持って乗っているはずです。この女性が言うくらいの特定で、痴漢の犯人にされてしまうのでは大変だと思いました。

ただ、この女性の捜査段階での供述の不自然さや変遷《へんせん》だけでは、裁判所が無罪だという認定をする確信はありませんでした。結局、鈴木さんしか犯人の可能性のある人はいない、と裁判所が言い張れば、些末《さまつ》なことだし、重要なことだと思ってくれれば、重要なことです。決め手がない。それでかつ有罪でも五万円。軽い事件だと思われるかもしれない。しかし鈴木さんの生活は、この事件に完全にかかってしまっている。生活というか、一家の人生が。正直なところ、なんとも言い様のない気持ちでした。

審理は淡々と進む

公判の準備に関しては、中西さんとは事務所が同じビルの中だし、頻繁に打ち合わせをしていました。鈴木さんとしては、保釈されたあとは、退職を迫る会社との関係がどうなるのかという問題のほうが大きかったと思います。それに、日本の裁判の実情をいくら説明されても、自分はやっていないのだから無罪になるのが当たり前、そうならなければおかしいという気持ちが強いでしょうから、ガラスの絶壁を見上げている気分の私たち（もしかしたら私だけだったかもしれません）の暗さとはすこし距離があったと思います。

第一回公判は本当に冷ややかな法廷でした。「何言ってるの？」という裁判官の感じが如実《にょじつ》に伝わってきました。弁護人としては、捜査の過程を丁寧に追って、被害者に法廷に来てもらって細かく事実を聞いて、その中から矛盾点や客観的な事実に反する決定的な何かを拾い上げていかなければどうしようもないな、というところがありました。それがなければ、「恥ずかしさを押して痴漢の被害を申し出た女性」の言い分に軍配は上がるだろう、と。裁判官の予断を打ち破る目的で、お尻《しり》の鈍感さと、鈴木さんが加害者だという認識が増長されていって確信に至ってしまう被害者の供述の過程を心理学的に立証する日大の厳島先生の鑑定証人尋問を求めたのです。他にも、鈴木さんの持っていた荷物の検証、被害者の証人尋問、鈴木さんが犯人だと確定するに至った捜査の内容や状況を聞くための捜査官の証人尋問等々、思いつく限りのものを申請しました。しかし被害者の証人申請と荷物の形状・重さの検証以外は却下されました。控訴審《こうそしん》になったときのことを考えて異議は述べておきましたが、無力感の漂う法廷でした。

世間の人は、刑事裁判というと、たいていテレビドラマでの様子を思い浮かべます。傍聴席があって、その正面の壇上に裁判官が三人いて、左右に検察官と弁護人がいる。証言台があって、みんなで証人を尋問している。道具立てはあの通りです。ただ、鈴木さんの裁判は簡易裁判所だから、裁判官が一人。地裁に比べればもっと小さい法廷で「ドラマ」は進行します。

審理は淡々と進みました。淡々としすぎて頼りないというか、このまま流れると、すぐ有罪判決だぞという「確信」はあるのですが、どう流れに抗しようとしても手応《てごた》えがない。

依頼者は「まったく弁護人は何をしているのだ」と言うでしょう。舞台裏では七転八倒しているのですが、表舞台はいかんともしがたい。弁護人もくやしい思いをしているのです。

実のところ、私はあまり刑事事件を担当していません。そのわりに、無罪を主張して長く争う事件をやっています。中西さんは、労働事件と刑事事件が大好きで仕事量全体の六割はこういう事件だという今どき珍しい弁護士の上、徹底した楽観主義で弁護活動に臨むタイプです。どうかすると、ちょっとそれ無責任なんじゃないの、と思うほど、裁判の予想に楽観的なのです。私は反対に悲観主義です。中西さんは「なんでこんなものが有罪になるの？」と言い、私は「こんな弁護活動じゃ、有罪になるに決まっているではないか！どうしてそんなにお気楽なの！」と言う。私は自分が無罪だと思っている事件が有罪になると、自分の人生全体が否定されたような気分になります。家に帰れば、被告人の無罪主張を検察官より信じないタイプの夫が、私が「こんな証拠を検察官が出してきたけど、おかしいよね」と言うたびに、「おかしくない。ほんとはやってんじゃないの」と希望を打ち砕くし、毎度のことながら、孤独感がじわっと押し寄せてきました。

むくわれない刑事裁判をとても熱心にたくさんやっている弁護士の先輩に「どうして神経が切れずにそんなにできるのですか」と聞くと、何人もの方が同じように「まあ、最後に勝つまでは全部負けるもんだと思ってやってないともたないね」と言っておられたのが印象的でした。

でも、私はそのようには悟れていないので、鈴木さんとは別のところで、「ああ、どうしよう」「どうしたらいいのか」と痛む胃を抱えながら過ごしていました。

刑事訴訟の基本は直接主義です

日本の裁判は、書いたものを読んで結論を出そうという傾向があります。でも、刑事訴訟の醍醐味《だいごみ》は直接主義だと思います。直接、被害者や被告人、目撃者から話を聞く、主尋問があり反対尋問があり、その中で得た心証で判決するというのが原則のはずです。しかし、現実には、なるべく書面ですまそうとします。しかも、この人も調べて欲しい、あの人も調べて欲しいと要求しても、ほとんど聞いてもらえず、最小限の証人、被害者と被告人を調べるだけになってしまうのが常です。

不完全燃焼だった一審の審理の中心は、被害者の証人尋問でした。検察官が主尋問をやって、それが速記録になって調書ができあがってから、もう一度被害者を呼んで弁護人が反対尋問をするというのが刑事弁護基本です。マニュアル的には、法廷での証言と調書の矛盾を突きたいから、主尋問の調書ができてからその内容を確定してこれを読んで準備する必要があるとされているのですが、このときは結局弁護人も検察官の主尋問と同じ日に反対尋問をやることにしました。これについても弁護士仲間から見たら批判があるかもしれません。

私たちとしては、どうせ被害者は検察官のとった調書通り主尋問で答えるだろうから別期日でなくてもいいなと思ったのです。それに調書からもわかるのですが、挑発されると言い張るタイプ女性でしたのでその日に矛盾をついたほうがよいとも考えました。

尋問での獲得目標は、被害者が鈴木さんを犯人だと考えた理由の確定。それが特定の仕方として不十分であることが彼女のいう事実から明らかになればさらによし。もう一つは、被害者が思い込むと言い張るタイプの女性で、何度も繰り返して話しているうちに、客観的には嘘《うそ》でも主観的に自分の中では本当になってしまうタイプであることを裁判官に明らかにすること。例えば「どういう状態でどこで触られたのか、ほんとにわかったのですか」ということを尋問しようと思っていました。他には右後ろと左後ろに人がいたのはわかるけど、じゃあ他の部分にいた人はどうだったのか。仮に痴漢がいたとしても、他の男性だった可能性があったのではないかという疑念が裁判官におこるように尋問をしよう、という計画です。

た。また、裁判官に、被害者が大げさに言っているのではないかと思ってもらいたかった。例えば被害の時間。被害にあった人でないとわかりにくいかもしれませんが、痴漢に二〇分間もお尻を触られていながら放っておくというのは考えられません。いかに満員電車で身動きできないとしても、調布から明大前まで二つか三つの駅には絶対に止まります。そのときに「降ります」と言って車両を変えることもできるし、降りる人の流れにのってしまえば、場所を変えることもできるわけです。そういうことを一切せずにずーっと触られていたというのは不自然だと。それがわかるような尋問をしようと考えました。この人は思い込んだらとにかく言い張るぞということを、わかるようにしないといけないということで始めたのです。

尋問の始めから被害者の女性は「電車の中の様子は乗ったときどうでしたか？」と聞くと、「丁度良い混み具合でした」と言いました。湯加減を聞いているのではないから、「丁度良いとは？」と質問すると、吊革《つりかわ》に人がつかまってその間にぱらぱら人がいるくらいの混み具合だという。調書では、満員で身動きできなかったと言っています。調書の内容のほうが自然です。満員で身動きできないところへ、人が乗ってきてそれが痴漢でお尻を触られた、逃げたかったんだけど、満員だから身動きできませんでした、そういう答えになるかと思っていたのですが、尋問のはじめから「丁度良い混み具合でした」ですから。どうしてこういう答えになったのか、と思いました。あの時間の京王線で、しかも、各駅停車ではない急行や準急で彼女が言うような「丁度良い混み具合」なんてありえない。右側、左側にはどんな人がいたのか、どういう風に立っていたのか、細かく聞いていくと、とにかく鈴木さんしかあり得ないという結論の言葉しか出ない。右側の男性の位置、左側の男性の位置と確認していくと、真後ろの空間がぽっかりあいてしまう。彼女が描いた図もそうです（図1）。だれかいたかもわからないという。満員電車で後ろに人がいないなんてありえません。また、触られていた箇所は？　それは掌《てのひら》それとも？　親指？　人指し指？　中指？　と聞いていくと、「四本の指がはっきりわかりました」と断定的に言う。ますます変だと思いました。

気のいいおっさんがのんびりとお聞きしますよ、というタイプの中西さんの、実はしつこい尋問にも、被害者の女性は、調布から明大前まで何度も止まってるのに、人の出入りについての記憶が全然無いかのように言う。しかも痴漢に触られ続けながら場所を全く動いていないのです。「なぜ？」って聞くと、それは「すごく混んでたから」と言う。

全体として、被害者の女性は、鈴木さんの顔ははっきり見ていない。背広の腕がお尻のほうにのびているのは見たが、触っている手は見ていない、でも左後ろの男性の手ではない、左右の後ろの二人の男性以外に人がいたかはわからない、真後ろの位置はわからない、だれかいたかもしれない、という証言でした。決定的な何かは無かったのですが、私たちとしては、予想通りに変だったので、こんなものかという評価でした。

その後、鈴木さん自身の被告人尋問もクリアしたし、検察官の反対尋問でも崩れはしませんでした。検証として荷物の大きさと重さを全部計測しました。それをやるだけで半年かかりました。

繰り返しになりますが、審理自体は、本当に淡々と進んでいきました。合間合間に心理学の先生に会いに行って話を聞いたり、お尻が鈍感だという医学書を探し回ったりいろいろしました。写真撮影報告書みたいなのも作ったし……でも「淡々と」という感じは拭《ぬぐ》えませんでした。

裁判を劇的なものだと受けとめてる人が多いと思いますが、法廷自体は、ほんとに地道なものです。突然、傍聴席にいる人が「私が真犯人です」とか名乗り出たりすれ

■黒坂愛梨の主張する電車内の様子(図1)

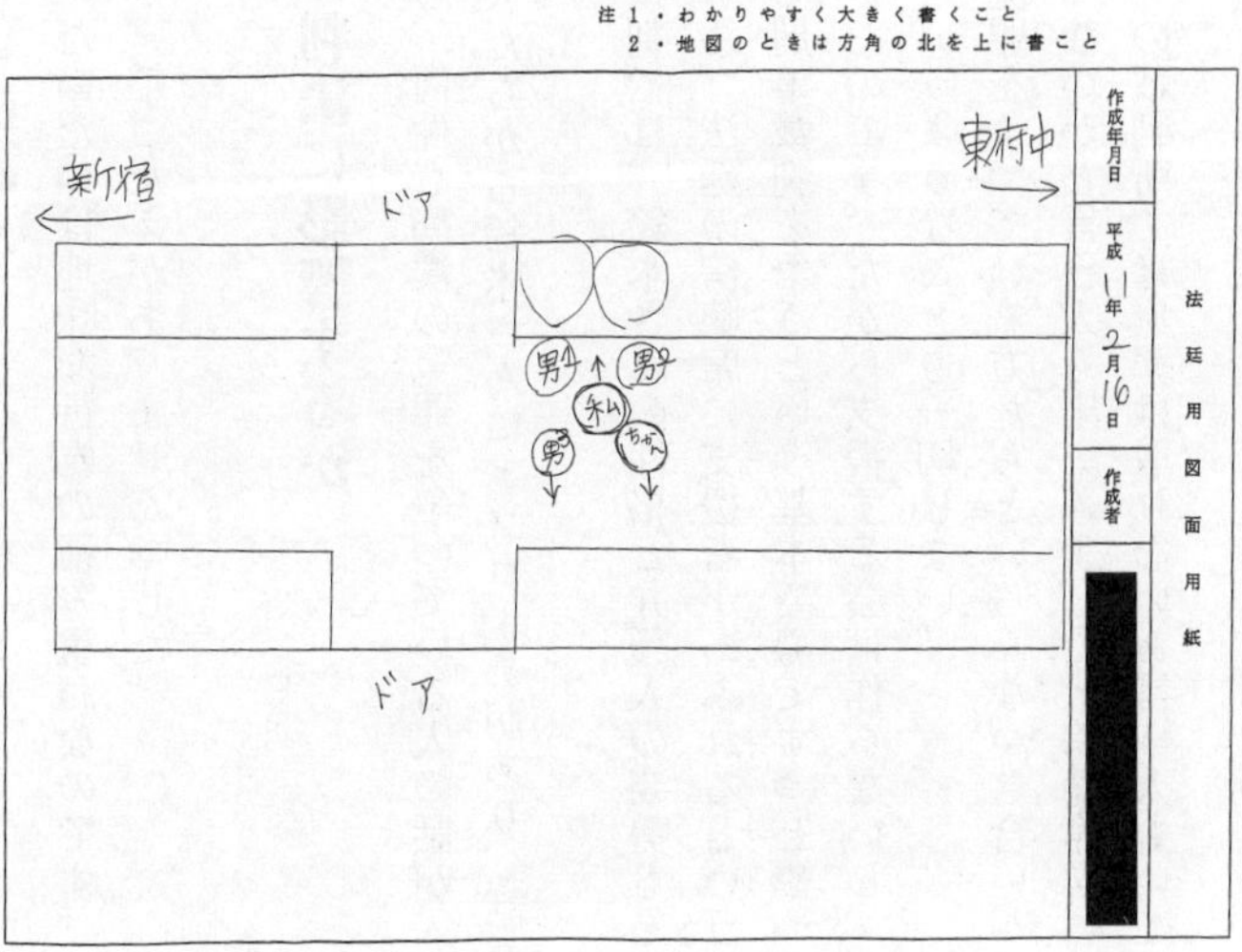

※第一証人尋問において、検察官の指示により黒坂が描いた図をそのまま引用しています。

ば話は別ですが、だいたいは地味な行為の積み重ねなのです。でもこの一審は地味すぎると言いますか、手ごたえがありませんでした。

傍聴人の数は判決に影響するか

一審の中頃から、何件も痴漢の冤罪《えんざい》を争っている人の話が入ってくるようになりました。そういう人たちから鈴木さんにアプローチがあり、話を聞くようになりました。

それまでこの裁判では、鈴木さんの性格と弁護人の姿勢もあって、あまり外に援助を求めませんでした。法廷の傍聴席に支援者があふれるという方向ではなくて、柵《さく》の中で当事者だけで刑事裁判を争うという基本姿勢でずっとやっていました。個人の闘いとして進めてきたのです。だから支援する会は作らないし、会社の前でビラをまいて援助を求めるというようなことも一切しない。

しかし、他の冤罪を争っている方たちといろんなつき合いができてくる中で、それがいけないんじゃないかと言う人も出てきました。傍聴席をいっぱいにしてやるような戦術でないと今の裁判所では無罪は取れないと言う人もいて、鈴木さん自身も揺れたところはあると思います。

中西さんや私はあまりその傍聴席の圧力のようなものを信じていませんでした。職人的に法廷の柵の内側でやるほうがよいという考えでした。政治的事件は別かもしれませんが、こういう事件で傍聴席に人がたくさんいるからといって裁判官の心証形成に影響はあまり無いと思うのです。現実問題として傍聴席がいっぱいになるような無罪主張の事件がすべて無罪になることはありえません。私たちは運が良かったのか、以前にやった放火事件も傍聴人は常に一人しかいませんでしたが、無罪になりました。日本の今の刑事裁判は、良くも悪くも、圧力とか署名とかで結論がかわるものではないという風に思っていたほうが良いのではないかなと思いました。傍聴席に人が大勢いるのは、被告人にとって仲間が見えて心強いという意味のほうが大きいのではないでしょうか。私としては、その後、多少心境の変化もありますが、基本的にはそう思います。

裁判官はやっぱり女性に弱かったのです

第一審は頑張ったのですが、一一月に罰金五万円の有罪判決が出ました。判決を聞いたときは、ある程度予想はしていたので、正直言って何の感傷もありませんでした。ああ、やっぱりね、という徒労感だけ残りました。

彼自身もそういう気がしてたと思います。特に議論するまでもなく当然のように、控訴《こうそ》しましょうということになりました。控訴しないで五万払うという道も無いわけではなかったのですが、この時点で会社も辞めてしまっていたわけですから、もう失うものもありません。背水の陣より川のほうへ入ってしまっているのです。

こういう痴漢の冤罪事件の場合、他の方たちの話を聞いても争うと決めたところからその人の生き方の問題になっています。まさしく「金の問題ではない」のです。

結局一審の判決は、弁護人はゴチャゴチャいろいろ言うけれど「被害者の供述は大筋で一貫している」し、「羞恥心《しゅうちしん》をおして、被害を申告している」し十分信用できるという理由だけで有罪でした。裁判官は「インテリ」できっと紳士なんでしょう。うら若い女性の必死の訴えを疑ったりしてはいけないと考えているらしいのです。私たちの悪戦苦闘、満身創痍《そうい》の努力などなかったかのような判決理由でした。

ともあれ、ほんとにやってないのに、鈴木さんと家族が受けるこれからの難儀が気の毒で言葉もありませんでした。

控訴審でもう一度

専門的に言うと控訴審は一審の判決を批判するものです。ですから、一審では、こういう事実認定、証拠の評価をしているがおかしいと言って、控訴の理由にするのです。ところがこの一審判決は、書いてあることに内容がないから、批判の手がかりがない、またしても、とっかかりがない状態でした。ガラスの絶壁を見あげている気分なのです。非難するべき対象である判決書をいくら読んでも何も思いつかず、「しょうがない、一審で言ったことを整理して出すしかないな」ということになりました。でも、書き出してみると「どうして、これで鈴木さんが犯人なんだ?」とあんまりにも当然のことばかりで、かえって「おっ」と注意をひきつける論点がみつからず、理由の構成が難しいのです。一審で有罪になったのは、やっぱり弁護活動がいけなかったせいかもしれないと気が滅入《めい》りました。

なにより、控訴して結論が変わるのかと、弁護人としては非常に複雑な気持ちでした。例によって中西さんは「だってやってないんだから無罪になって当然じゃん」と楽観的言辞をくり返していましたが……。

でも、とにかく、控訴審では裁判官が三人います。そうはいっても統計上、一審の有罪判決が控訴審でひっくり返って無罪になるのは、一〇〇〇件に一件です。そのうちの一人でもいいから変だと思ってくれなければ始まりません。

私は、どうしても、痴漢行為があったということ自体が思い過ごしなのではないか、鞄《かばん》とか傘とか傘を握っている拳《こぶし》の指の付け根の関節とか、あたったものを指とか手と思ったんじゃないの、という疑問を拭《ぬぐ》えませんでした。その一方で、痴漢行為がないなんていう想定を裁判所がするわけないと「確信」していました。だから、こんなに混んだ電車だから鈴木さん以外に被害者と肉体的に接触している人はたくさんいるはずなのに、なぜ鈴木さんが痴漢と言えるのか、これでは特定が不十分ではないかと、一審での争点についても繰り返しました。鈴木さんが持ってる荷物の形態と誰もがわかってる京王線のあの混み具合からいって、これではお尻を触ること、二〇分間触りつづけることはとても困難というところも主張しました。わずかに五万円で略式裁判で出られるのに大損しながら人生をかけて無罪を主張していることも強調しました。

なんとしても、どこか一つでも裁判官に変だと思ってもらいたい、もしかしたらやってないかもしれないと思ってもらいたいと、打ち合わせと称して、持っていた荷物一式を持って控訴審の裁判所に出かけて行って説明しました。五万円払ったらすぐ釈放だったのに、職まで失ってこんなに頑張っているんですよ、もし、やっていたらぱっと払っておしまいにするはずです、と言い、傘とか鞄とかノートとか四・七キロの四つの荷物を準備していって、裁判官に持ってみてくださいよ、と言いました。さすがに裁判官は「いやー、証拠で出てから」と断りました。そのときは二〇分ぐらい一方的にしゃべったので、裁判官も辟易《へきえき》していました。

特にこれと説明できないのですが、控訴審は一審に比べて悪くないかなという印象は抱きました。

ひやっとした準備不足

刑事裁判には起訴状一本主義という言葉があります。第一審の一番初めの公判が始まるとき、裁判官は起訴状（一本）しか見ていません。だから、誰々という人が何々という罪で起訴されていて、適用すべき罪条はこれである。それだけしか裁判官は知らない。知らないことになっています。「予断と偏見」を裁判官はもたないことになっている。どこの某《なにがし》と言われてる人が法廷のこの人だということもわからないわけです。

そして、人ちがいのないように最初に人定質問をします。あなたのお名前は？ 住所は？ 本籍は？ と。これで間違いないですねということを確認します。

そして起訴状が読まれ、冒頭陳述があって、ある人物が、こういう経過でこういう犯罪を犯したという説明を検察官がする。裁判官は初めて、なるほどどこの事件の背景はこうなっているのだなと知る。そして、検察官から、有罪を立証する証拠の申し出がされる。弁護人が意見を聞かれて取り調べることにOKしたものだけを、ひとまず裁判官は受け取って見ます。弁護人がOKしなかったものは別の手続きをして、証拠として採用するかどうかを決め、採用したものだけを裁判官が見ることができます。

つまり、一審の裁判官は有罪を根拠づける証拠を目にすることなく、被告人がクロだという予断なしに法廷にのぞむのです。

しかし、控訴審《こうそしん》になると、実際の審理の始まる前に裁判官は一審で何を調べて、誰がどんなことを言っててどうなっているか主張も証拠もしっかり知っているわけです。

だから弁護人が押しかけた打ち合わせのときに、控訴審の裁判官が「こんなもの有罪じゃ」と思っていれば、すごく冷たい可能性はある。でも鈴木さんのときの裁判官は予想よりは冷たくなかった。多少は実質審理をしてくれるかなと思いました。

控訴審では下手をすると一回結審のときもあります。第一回期日が開かれて、こっちの控訴の理由を述べて、検察官も反論して、被告人尋問くらいはその日にして、もう結審。次回、判決ということもありえます。そのようになったら、鈴木さんの場合、有罪間違いなしの感触でした。鈴木さんは一生、俺やってないのに、どうしてどうしてと思いつつ、不条理な生活を家族も含めて続けることになる。なまじっか、私のほうも無罪を信じているだけに、それはたまらない。心が痛い。ほんとに嫌な気持ちでした。裁判所には、まあこんなこととしてもらいたい、あんなこととしてもらいたいと一審でだめと言われたことをまた全部出して、反応を窺《うかが》っていました。

そうしたら、打ち合わせで、裁判官から被告人質問を第一回期日でやれと言われました。期日までは何日かしかありませんでした。鈴木さんがたまたま仕事でいないから打ち合わせできないのに、どうしようかと悩みましたが、どこかでやらなければいけない。結局、やることにしたのですが、これは大反省しています。かなり墓穴を掘ってしまったのです。

ちょっと私たち弁護人の判断が甘かったというのがあります。私たちは鈴木さんは自分の人生のかかった事件を争っているのだから、事件の記録はきちんと読んでいるのだろう、もう脳味噌《のうみそ》の中で発酵するほど反芻《はんすう》しているだろうと思っていました。以前にやった事件では、鈴木さんより過酷な環境のために高校も行けなかったような被告人が、それこそ「てにをは」のニュアンスの違いまで自分の供述調書の表現を把握したうえで手紙をくれたり、自分はあそこであぁ言っていたことになっているけど本当はこうだったと、いつでも話せる状態でしたから。

でも、性格もさることながら状況が違ったのを軽視していました。鈴木さんでなくても人はやっぱりいやなことはできれば向き合いたくないという気持ちを抱えて、シャバで日々の仕事があり、家族があり、裁判と一日中向き合わなくてもまぎれてしまう生活をしている。私たちのつきあった以前の被告人の多くは、塀の中で記録を読むこと、私たち弁護人に手紙を書くことが、生活の一部にならざるを得ない環境にいた。そのことに思いが及ばず、私は鈴木さんに「一審の記録を復習して、自分の捜査段階の調書と被告人尋問の調書をちゃんと思い出しておいてね」と言い、彼の能力なら直前の打ち合わせだけで十分と信じ込んでいたのですが、それでは復習が不十分でした。

それで、打ち合わせはしたものの本番では味方である私たちのする主尋問でさえちょろちょろと一審での供述と違う内容を鈴木さんは答えてしまった。しかも彼は頑固なところがあって、「それ、違うよ、よーく思い出して」というお助けのヒントの尋問にも、ガンとして応じず修正しようとしない。無罪を信じてほしいと思っていた裁判官には、その矛盾を当然のように突かれてしまう。私の心境はマンガだったら、全体に斜線がかかってこめかみに冷や汗マーク、さらに部屋の隅にひざを抱えてうずくまるポーズとして描かれそうでした。もとはといえば、私たちの甘さがいけなかったのですが、おーい、鈴木さーん、あんたの事件だろーと叫びたい気持ちもありました。

ああ、もうだめだなあ。どうして……ここまでやったのに……と思って暗くなっていたら、裁判長が、「次回は、聴取を最初にした女性の警察官を呼びましょう」と言ったのです。お、希望持ってもいいのかと、ちょっとだけ思いました。

逆転のきざし

控訴審《こうそしん》の二回目、女性の警察官、最初に被害者の女性を調べた人の証人尋問でした。

このときは、被害者が最初に何を言ってたか、犯人をどう特定したか、どうして鈴木さんだということになったのかということをいろいろ聞きました。とても有能な女性警察官で、中西さんなど「警察官にしておくにはおしい」と言っていました。弁護人の質問に対しては極めて上手に受け答えする。最初の段階、彼女がとった調書には、あとで出てくる「なぜ鈴木さんを犯人と特定したか」の理由がはっきり出ていないのです。そこで、満員電車なのだから、前後左右にくっついていただろう多くの人の中から鈴木さんが犯人だと特定した以上、理由があるでしょう、左側の人ではないからという消去法と背広の色では足りないでしょ、どうしてですか、どうしてですかと聞くと「未熟なので」調書に書き落した、「未熟だったんです」と答えるのです。腕を見たことや服のことも特定の要素として、初めから被害者は言ってたから本当はそれを調書に取らないといけなかったのですが、未熟だったんで取らなかったと証言しました。本当は被害者は犯人を特定した理由をあれこれ言ってはいなかったと思いますが、「言ったんだけど、私が未熟で調書に書き落としたんです」と言われてしまうと、こちらも追及のしようがありません。

犯人の特定というのはこの種の事件でとっても大切であることはわかっていたし、それには自分も気をつけてあたりましたとはさかんに言うのです。それで例によって中西さんの「やれといわれれば、二四時間だって続けられる」のんびりムードの尋問によって、犯人の顔を見たという話をあまりしてなかったということははっきりしたのですが、それ以上はきっぱり言ってはくれない。ところが、裁判官が最後に何問か質問をして「他に被害者がこの人だと特定した理由を言ってなかったのか」と聞くと「言ってませんでした」とはっきり言う。「確かに被害者の言う犯人の特定は弱いと思いましたが、あまりにも被害者の人が自信を持って言うから、それに引きずられてしまった」とまで、最後は答えたのです。おお、やった、という感じでした。私はガッツポーズも小さく出てしまいました。

弁護人の尋問に対してははっきり言わないのに裁判官の質問には答えたので、中西さんは「まったくひでえよなあ」と怒っていましたが、でも「おお、よし！」っていう感じはしました。最初から、被害者自身は顔を見てない。消去法でやや前方両隣の男を消し、左後ろの男を消し、残った右後ろの鈴木さんだと言っただけ。この点は裁判所もわかったな、と思いました。被害者の女性は真後ろに誰がいたかわからないと一審でも言っているし、これはもしかしたら無罪になりそうだとちょっと明るい気持ちでした。

尋問が終わったあと、こちらが申し出ていた事実調べのうち、お尻《しり》が鈍感だということが論証されている二冊三万円（！）の医学生むけの生理学の本について、裁判長が「いや同種の痴漢事件は当部にもたーくさん上がってきてますから、そういうことはよーくわかっています」と、弁護人に撤回してくれと言いました。どういうことかなと思ったのですが、お尻が鈍感だってことを裁判官はよーくわかってるってことなんだろうと善意に解釈することにして、それ以上突っ張らずに引っ込めました。不安でしたが、一審より裁判所の判断は充実するなとは思いました。が、それ以上の事実調べは認められず、次回期日に弁護人が弁論することになったのです。検察官は「特に弁論の必要なし。検察官は弁論もしない」という、まったく馬鹿《ばか》にしたような対応で、ちょっとさびしかったです。

なんの特徴もない事件で、こんなに変なのにどうして有罪になってしまったのかとまたまた暗い気持ちになりながら、三回目の公判まで弁論の書面を作りました。短いものです。あまりに当たり前過ぎて、この言い分もわからないといわれたのでは言うことも無いな、と悩みつつ弁論しました。裁判長には、「それでは次回判決言渡し」と言われました。ああ、終わってしまったのかと「有罪だったら上告するか？」「上告は理由が難しいよね」というような話を鈴木さんとしながら帰ったことを覚えています。

ところが判決期日の直前になって、検察官から弁論するから再開してほしいとの申し立てが出てるが、意見はどうだと裁判所から連絡がありました。もちろん中西さんは「必要ない」と言いました。その前の公判で「弁論なさいますか?」と裁判長が聞いたときに、「不必要」と検察官が胸を張って答えたのですから。しかも弁護人をさげすむような流し目でした。こちらとしては、「不必要と言ったじゃないか。いまさら何だ」という気持ちでした。でも、裁判所は「やるって言ってるからまあ聞きましょう」と言って、判決言渡しをするはずだった期日は検察官の弁論を聞いて終わりました。判決日が延びたわけです。

そのときにこれはいけるかなと思いました。それは、裁判長が、言渡し期日を同じ月でもう一回指定したいと、二週間後のわりと近い日に入れようとしたからです。鈴木さんが再就職したばかりだから、試用期間中に二日も休めないと言って延ばそうとしてみました。そしたら裁判長がなんだか熱心に「まあ宙ぶらりんでお気の毒だから早く結論出したほうがいいんじゃないですか」と早い期日を勧めるのです。どう考えても、有罪で「宙ぶらりん」とは言わない。そうなら裁判長の人間性を疑う。これは無罪かなと思いましたが、何度も裏切られているからやっぱり心配でした。

無罪判決は出たけれど

無罪判決が出て「おおやったぞ」と思いました。争っている事件の判決の言渡しは、本当に、心臓にというより、胃に悪いです。裁判長が「被告人、前に出て下さい」と、弁護人の前に座っている被告人を呼びます。そして「では、これから判決を言渡します。「主文」って言うのですが、この「主文……」の後に何とも言えない間があって、音もない色もないまっ白な一瞬がバーッと広がる感じです。私は経験も浅いし、刑事事件に「負け慣れ」していないせいか、もうこの一秒くらいの間に手などはまっ白になって冷たくこわばります。それで、「げ」と始まると、おお、勝ったぞ、とまた一瞬のうちにふるえが来る。「げ」のあとは「原判決を破棄する」しかありませんから。でも胃袋は誰かにつかまれたままの感じで、なかなか平常心には戻れない。傍聴席の奥さんは、ほっと息をつきましたが、鈴木さん本人はむすっとしていて全然喜ばない。勝ったという実感はあまりなかったようです。私のほうが素直に喜びました。鈴木さんが「確定するかどうかわからない」というので、法律上の上告理由はないから「上告はされないよ」と言いました。それでも「どうなるかわからない。今までも裏切られた」と納得しない。それで、喜ぶのは確定するまで待とうということになりました。

裁判所の人も鈴木さんが喜ばないのが不思議だったようです。無罪判決の確定を確認する電話を書記官にしたときだと思いますが、「これでようやく鈴木さん喜びますねえ」と私が電話で言うと、「そういえばものすごく恐《こわ》い顔して座ってらっしゃいましたものね」と言ってました。ともあれ、七月末に判決が確定して、ようやく無罪になりました。

しかし、鈴木さんの人生は全然救われなかったのだと思います。客観的に見ても、その後の彼の生活の大変さは半端《はんぱ》ではありません。「俺、結構ガテン系だったって今ごろ気づいた」などと言っていたこともありましたが、本当に今だって本人も家族も大変であることは間違いありません。

高裁の判決書を読んでみると、裁判官三人の意見も有罪無罪でわれていたのかもしれないな、と感じるところがありました。例えば、被害者の女性の真後ろに誰かがいたとします。本当に痴漢行為があれば（本当にあったのかどうか、私には未《いま》だによくわかりませんが）、鈴木さんではなく、この人が犯人の可能性が高いということは、被害者の尋問で明らかになっています。しかし、鈴木さんは捜査段階で、この真後ろの部分には途中駅から黒いディパックを背負った女性が乗ってきて、荷物がじゃまだったと詳しく言っています。それを、鈴木さん以外に痴漢になれる男はいない、と読めないこともありません。調布から明大前まで二〇分ずっと痴漢がいたとすると「おや、鈴木さん、やっぱりあなたしか犯人はいないでしょう」と言われそうです。そこが弱いところでした。裁判所の合議の中でこの点をついた裁判官もいたと思います。

それを判決では、「女性の痴漢被害の申告が誇張されていて、調布からディパックの女性が乗ってくるまでの間だった可能性がある」として、救ってくれています。「私はやっていない」と言っている鈴木さんの調書の「やっていない」というところは嘘《うそ》だと決めつけておいて、「ディパック」の女性がいたと述べたところだけは本当のことだと認定するのは調書の評価としておかしいと裁判所は言っています。なんだか夢のようにフェアな裁判所に当たったんだなあ、と思いました。

鈴木さんは「えーっ」と言うかもしれませんが、私たちはとても運がよかったのです。

無罪になって国がしてくれること

控訴審《こうそしん》の判決後はいろいろ考えました。国家は、無罪が出たときにどうしてくれるか？　昔は「国家無答責」で国は悪いことは一切しないものとの考えからこういうときも賠償はしませんでした。今は刑事補償と費用補償の二本立てで、一部賠償されることになっています。刑事補償というのは、身柄拘束について一日いくらといってお金を払ってくれるものです。だから、死刑囚で冤罪《えんざい》で無罪になる人の場合は、何十年にわたって拘束されていますから、例えば一日一万円の割合で払うとなると何千万という単位で補償されます。でも鈴木さんの場合は勾留《こうりゆう》期間自体は非常に短く、一三日しかありません。法律の上限が一日、一万二五〇〇円で、満額もらっても、一六万二五〇〇円です。

費用補償のほうは、文字どおり、費用を払ってくれます。ただ、「費用」の範囲が問題です。公判期日の出頭の電車代、公判一日あたりで定められている金額、それと弁護人の国選弁護料並の報酬分だけ。しかも、公判は五分とか一〇分で終わってしまう場合もあり、そうすると、定められた一日の額の半分などという風になります。それで計算すると、五八万円ぐらいしか補償されません。判決が七月に出て、一二月の始めに、費用補償と刑事補償、あわせて七五万円ぐらいが国から振り込まれました。たったそれだけです。無罪を主張するために、あっちこっち出かけたり、写真をとったり、大学の先生に鑑定を頼んだりするのにかかった費用は、計上してくれません。報酬で考えるということになっていますが、これが安い。以前の放火事件で無罪になったケースでは、一審一八回、二審二三回の公判に出て、それこそ一〇〇万円近くかけて建物の一部を再現もしましたが、報酬は弁護人二人分で一三〇万円位。書記官にも「すみません、規定がないので」と言われましたが、要するに法律が弁護人の法廷外、裁判所外の活動を全く予定していないのです。弁護人はさしみのつま、法廷にすわっていればいいと思っているのね、とひがみたくなります。

鈴木さんが逮捕されてから無罪判決が出るまでの二年何ヵ月で失ったものは膨大です。安定していた職、定年後にもらえるはずだった年金と実際にもらえる年金の差額。金額でいえば二〇〇〇万円位ははるかに超えるでしょう。それに家族、子どもたちの環境の激変。誰もそれは補償してくれません。

被害者だという女性に賠償を求めたらと思うかもしれません。しかし、まず、判決は痴漢がいなかったとは言っていない。過失で鈴木さんに損害を与えたと言い切れるかわからない。また、現実問題として財産は特になく、お金を払うこともできない。

会社に対してはどうでしょう。

例えば懲戒解雇になって無罪までずっと解雇は無効だと争い続けていれば、無罪になったことで会社の懲戒の理由はなくなったわけです。辺境に飛ばされるかもしれないけれど、復職させろという闘争もやろうと思えば可能だったはずです。しかし、和解で辞めてしまっている。厳密に言うと、本人の意思で辞めたことになってしまっているわけです。退職金等を考えると、どちらが良かったのか。これも無罪判決が出たから言えることなのですが。

確かに、交通事故にあったり病気になったりして人生というのはいろいろです。思わぬ災難で、苦難の人生を歩むことになることもあります。でも、鈴木さんの災難は、刑事裁判という制度がなければ起きません。人間が社会を維持するのに、犯罪に対してそれぞれ被害者の個人が、犯人に復讐《ふくしゅう》したり、矯正したりするのではなくて、国家が逮捕し、勾留し、起訴し、裁判をし、刑罰に処するという制度を選択した。その制度があったために生まれた「災難」なのです。だったら、その制度の運用の過程で犠牲になった人にもう少しあたたかくしないといけないと思いませんか。

刑事裁判制度の中で、起訴されたものが全部有罪になるのなら、裁判の必要はありません。冤罪が出るということは、裁判制度が機能しているということでもあるわけです。刑事裁判制度は起訴された被告人の言い分を十分審理して、間違った刑罰を科さないように、という人権を守る重要なチェック制度なのですから、無罪を発見するべきなのです。その結果、無罪判決も出るということが前提で成り立っています。ある意味、冤罪を内包しているわけで、その制度の中では冤罪があって当然とも言えます。

だとしたらその冤罪であったときに、これは、人間が社会を構成するためにつくった制度によって生まれた犠牲なのだから、なるべく犠牲者の不利益が小さいように運用しないといけない。しかも事後的にも不利益の穴埋めは十分しないといけない。そう思うのです。そのためにはまず身柄の拘束についてもっと慎重でないといけない。逮捕はすぐされる、要件の吟味はされているのか疑問だし、簡単に勾留もされてしまう。勾留の必要性、理由の有無の検討もいいかげん。このような状況は、濡《ぬ》れ衣《ぎぬ》を着せられた者には、不利益が大きすぎます。

例えば鈴木さんも痴漢だと言われても、逮捕されずに、「身元がはっきりしているから、後で事情を聞きましょう。そのときは警察に出頭して下さい」と解放されていたとしたら、会社を辞めることにはならなかったと思います。たとえ、疑われた事実がわかってしまっても、上司に報告して「誤解されてしまって」と言えば済んだでしょう。本当は最高裁で有罪が確定するまで、会社は無理に懲戒解雇もできず、彼のほうから辞める必要もないのですから。

それをいきなり最初から逮捕され、勾留もされてしまう。しかも否認していると、なかなか保釈もしてもらえない。その過程で、社会的レッテルは「クロ」の度合いがどんどん濃くなってしまいます。不利益が今の世の中では取り返しがつかないほど大きくなっていくのです。逮捕されるとベルトコンベアで有罪までフリーパス状態という、今の実態をどうにかしなければなりません。

具体的にはまず、法の考えているチェック機能を実際に働かせることです。逮捕の必要性について、逮捕状を請求された裁判官がもっとチェックする、検察官が証拠を精査し、起訴するほどのことはない、身柄を拘束しつづける必要はないという判断をもっとする、というようなことです。そうでなければ、弁護人だけがじたばたしても制度の犠牲はなくならないのです。

事後的な救済の点からいったら、本人と家族のうけた無形の傷のすべてを実質的に回復するのは無理ですが、せめて経済的不利益だけでもきちんとフォローする制度も確立されないといけないと思います。今のようにほんとにすずめの涙のような補償ではひどすぎます。国家賠償法がありますから、間違って逮捕した人や、間違って起訴した検察官、間違って有罪判決をした裁判官に、賠償を求め、自力で勝ち取ってください、というのはどう考えても公平ではありません。現実にはほとんど賠償の認められない裁判をまたまた自分の費用でやれというのはおかしいです。そんなにたくさん冤罪がないというのなら、どーんと補償をつけてもいいのではないでしょうか。生涯賃金分くらい払ってくださいと言いたいですね。

判決後の鈴木さん一家の大変さを見ても、陳腐なせりふですが、こういう冤罪でのトータルな人生の損失を他の方にもくりかえさないためにも、まずは、身柄拘束の制度の運用と賠償の問題をなんとかしなければならないと思います。

＊この「解説」は升味弁護士の談話をもとに、編集部が構成しました。

第三部　判決文

第一審判決文

平成一一年一一月一六日　宣告　裁判所書記官　中村晃
平成一〇年（ろ）第×××号　公衆に著しく迷惑をかける暴力的不良行為等の防止
に関する条例違反被告事件

判決

本籍　東京都千代田区神田×××
住居　同都調布《ちょうふ》市×××
会社員
鈴木健夫
昭和××年××月××日生

主文

被告人を罰金五万円に処する。

右罰金を完納することができないときは、金五〇〇〇円を一日に換算した期間被告人を労役場に留置する。

訴訟費用は被告人の負担とする。

理由

（罪となるべき事実）

被告人は、平成一〇年一〇月一六日午前八時五分ころから同日午前八時二六分ころまでの間、東京都調布市布田《ふだ》四丁目三二番一号所在京王電鉄株式会社京王線調布駅から同都世田谷区松原二丁目四五番一号所在同線明大前《めいだいまえ》駅に至る間を走行中の電車内において、黒坂愛梨（当時二〇歳）に対し、着衣の上から掌《てのひら》で同人の右臀《でん》部及び右大腿《だいたい》部《ぶ》付近を撫《な》で回し、もって、公共の乗物において、婦女を著しくしゅう恥させ、かつ、婦女に不安を覚えさせるような卑わいな行為をしたものである。

（証拠の標目）（甲、乙の番号は本件記録中の証拠等の関係カード〔請求者等検察官〕の番号を示す。）

一　被告人の当公判廷における供述
一　被告人の検察官に対する供述調書二通（乙3、4）
一　被告人の司法警察員に対する供述調書二通（乙1、2）
一　証人黒坂愛梨の当公判廷における供述
一　司法巡査作成の電話による列車発着状況等照会結果報告書（甲2）
一　検察事務官作成の電話聴取書（甲3）
一　司法警察員作成の写真撮影報告書、但《ただ》し、不同意部分を除く（甲6）
一　押収《おうしゅう》してある背広上衣《うわぎ》一着（平成一〇年東区庁外領第一九三九号符号一）（甲13）

（事実認定の補足説明）

一　本件痴漢犯人の特定及び痴漢行為は、前掲各証拠を総合して認定したものであるが、就中《なかんずく》、被害者である前掲黒坂愛梨の当公判廷における供述によるところが大きいものであるところ、同人の供述は、体験した者でなければ話せない恥辱的な事実を真剣に証言したものと認められ、その供述の内容も具体的になされ、自然で一貫性があり信用できる。加えて、右供述は、弁護人らの反対尋問によって十分テストされたものであって、その信用性は極めて高いものと認められる。

二　弁護人らは、右黒坂証人の当公判廷における供述の証明力を争うための証拠として、同人の司法警察員に対する平成一〇年一〇月一六日付け、同月二〇日付け及び同月二六日付け供述調書三通並びに同人の検察官に対する同月二二日付け供述調書を提出したが、右各供述調書と同人の右公判供述とは、本件痴漢犯人の特定及び痴漢行為に関して、大筋で同趣旨のことを述べたものであり、自己矛盾の供述は認められないから右各供述調書によってその供述の証明力が減殺《げんさい》されたものとはいえず、右公判供述の証明力に影響はないものと認められる。

三　その他、弁護人らが指摘する諸点は、いずれも判示認定に影響を及ぼすものではない。

（法令の適用）

一　罰条　公衆に著しく迷惑をかける暴力的不良行為等の防止に関する条例五条一項、八条一項

二　刑種の選択　罰金刑選択

三　労役場留置　刑法一八条

四　訴訟費用負担　刑事訴訟法一八一条一項本文

（出席した検察官大井辰夫、弁護人中西義徳、升味《ますみ》佐江子）

平成一一年一一月一六日
東京簡易裁判所刑事第二室
裁判官　吉田一雄

控訴《こうそ》審《しん》判決文

平成一二年七月四日　宣告　裁判所書記官　櫻井直貴
平成一一年（う）第×××号

判決

本籍　東京都千代田区神田×××
住居　同都調布《ちょうふ》市×××
会社員
鈴木健夫
昭和××年××月××日生

右の者に対する公衆に著しく迷惑をかける暴力的不良行為等の防止に関する条例違

反被告事件について、平成一一年一一月一六日東京簡易裁判所が言い渡した判決に対し、被告人から控訴の申立てがあったので、当裁判所は、検察官江幡豊秋出席の上審理し、次のとおり判決する。

主文

原判決を破棄する。

被告人は無罪。

理由

本件控訴の趣意は弁護人中西義徳及び同升味佐江子が連名で作成した控訴趣意書に記載されたとおりであるから、これを引用する。

論旨は、要するに、原判決は、被告人が、平成一〇年一〇月一六日午前八時五分ころから同日午前八時二六分ころまでの間、京王線調布駅から同明大前《めいだいまえ》駅に至る間を走行中の電車内において、黒坂愛梨に対し、着衣の上から手の平で同人の右臀《でん》部及び右大腿《だいたい》部付近をなで回した、との頭書条例違反の事実を認定しているが、そのような事実はなく、被告人は無罪であるから、原判決には、判決に影響を及ぼすことが明らかな事実の誤認がある、というのである。

一　そこで検討すると、原審で取り調べた証拠によれば、以下の事実が認められる。

1　黒坂は、平成一〇年一〇月一六日（以下、特に断らない限り、日付は平成一〇年である。）、京王線東府中駅から新宿駅行き上り急行電車に乗車し、被告人も、緑味灰色と称される特徴的な色合いの背広を着て、勤務先に向かうため、午前八時五分ころ、次の停車駅である調布駅で同じ車両に乗車したが、同駅から明大前駅までは、車内は身動きがとれないほど満員の状態であった。

2　その後、右電車は、つつじヶ丘、千歳烏山《ちとせからすやま》、桜上水《さくらじょうすい》、明大前、笹塚《ささづか》の各駅に順次停車した。

3　被告人は、少なくとも千歳烏山駅から明大前駅までの間は、黒坂に背を向けてその右後ろに立っており、その後は、窓の方を向いて吊革《つりかわ》につかまって立っていた黒坂の右隣奥に黒坂の方を向いて立っていたが、笹塚駅で、「すいません」と言って、黒坂の前を通って下車した。

4　黒坂は、被告人の後を追って同駅で下車し、駅員に「痴漢だから捕まえてください」と言うとともに、乗換えのためホームの反対側にいた被告人を捕まえた。

5　被告人は、黒坂に捕まえられたときにも、駅の事務室でも、両手に分けて持っていた手提げかばん、手提げビニール袋、大学ノート及び傘（折り畳み式でないもの）を示し、「この状態で触れるわけがない」と言って痴漢行為をしたことを否定し、その後も一貫して犯行を否認しているが、右手提げかばんには本や書類が、手提げビニール袋には運動靴等が、それぞれ入っており、そのときの被告人の所持品の重量は、少なくとも合計四・七キログラムあった。

二　黒坂は、被害状況及び被告人を犯人と思った理由について、原審において以下のとおり証言している（以下「黒坂証言」と言うことがある）。

1　調布駅を発車してすぐ右の尻《しり》を触られた。電車の揺れでぶつかったのかと思って体を前によけてみたが、手も一緒についてきたので痴漢だと思った。触られたのは、主に右尻全体と太股《ふともも》辺りで、初めは指先で触っているようだったが、だんだん手の平全体でなで回す感じになった。明大前駅に到着するまで、一度ぱっと離れたがまた触られ、二〇ないし二五分間触られっぱなしだった。

2　右のとおり調布駅を出てから痴漢だと思い、首を回して右後ろを見ると、背中合わせに茶色っぽい背広を着た背の高い男性の肩と背中が見えた。そのとき顔も見たが、眉《まゆ》やまつげの濃い人という印象だった。次に左後ろの男性を確認したが、その男性は背を向けて立っており、左腕が後ろにも横にもなかったので、左腕は前に行っていると判断した。そのときもまだ触られていたので、犯人は左後ろの男性ではないと判断した。真後ろにも人はいたと思うが、確認していない。右後ろの男性の顔を見ていたとき相手は気付いている感じだったが、触っている手が離れないので、違うかもしれないと思って、吊革につかまった腕のわきの下から見たところ、尻を触っている腕の服の色が前に見た服の色と同じだったので、右後ろの男性が犯人に間違いないと思った。そのとき、ひじの下くらいから肌というか手首付近まで見えたが、手は見ていない。

3　明大前駅で前に立っていた人が座ったので座席の前に立って吊革につかまっていると、右後ろにいた男性は、その後は触っていないものの、私の右横にきて進行方向を向いて、車両が混んでいないのにT字形に私にぴたっと付き、私の顔をじろじろ見た。この男性が降りるときわざと私の前を通ったので、ばかにしていると思った。

4　電車内で見た犯人の背広の色は、押収《おうしゅう》されている被告人の背広の色と同じであり、痴漢の犯人及び電車内でT字形になって横に立った人と捕まえた被告人とは、服の色、背の高さ及び顔の特徴から同一人に間違いない。

5　被告人が荷物を持っていたことは、捕まえたときに被告人に言われて初めて気付いた。

三　まず、被害の有無について検討すると、黒坂は、右尻を触られたと感じて、体を前によけてみたところ触っている手も一緒についてきたことを確認していること、手の平でなで回しているのを感じ取っていること、これらの感覚が誤認に基づくものとは考えにくいこと、後記のとおり黒坂証言には一部誇張が含まれていると認められるものの、黒坂が虚偽の痴漢の被害を作り上げるべき理由はないことに照らし、犯人がだれかはさておき、黒坂が原判示の痴漢の被害にあったこと自体は、優に認められる。

四　次に、被告人の犯人性について検討するに、被告人が当日前記のとおりかなりの荷物を持って乗車しており、これらの荷物を片手にまとめて持つことも可能であるものの、二〇分間以上そのように持ち続けることに多少の困難があることも明らかであって、被告人がこのような荷物を持っていたことは、犯行を困難にする事情として、被告人の犯人性を否定する方向に働く要素になるものである。また、黒坂は、「右後ろにいた男性の顔をじいっと見ていたら相手は気付いている感じだったが、手が離れないので違うかも知れないと思って確認した」とも証言しているが、右後ろの男性が犯人であるとすれば、黒坂から見られているのに気付きながらなおも痴漢行為を続けるというのは、随分大胆であり、やや不自然な感は否《いな》めない。以上に加え、被告人が、罰金五万円の略式命令を受けることを拒否して、勾留《こうりゅう》の上公判請求された末、弁護人選任の負担を負い、職をも失うことになった道を選択したことも、一概には言えないものの、真実犯人であるとすれば、通常はやや合理性を欠くといえること、被告人は本件当時三九歳であったが、それまでこの種の事犯で警察で取調べを受けたことはないことにかんがみると、黒坂証言のうち犯人の特定に関する部分の検討は、慎重になされるべきである。

1　ところで、被告人が犯人であるとする黒坂証言の要点は、①被害に遭っているとき左後ろの男性の腕は前に行っていると認められたから、同人は犯人ではない、②右後ろの男性が尻を触っており、その服の色が被告人が着用していた背広の色と同じである上、背の高さや犯人の顔の特徴も被告人と一致する、というものである。

2　まず、黒坂が犯人と思った男性と被告人の同一性の点について検討する。被告人自身、少なくとも千歳烏山駅から明大前駅までの間は、黒坂に背を向けてその右後ろに立っており、その後は、窓の方を向いて吊革につかまって立っていた黒坂の右隣奥に黒坂の方を向いて立っていたが、笹塚駅で、「すいません」と言って、黒坂の前を通って下車し、ホーム上で黒坂に痴漢の犯人として捕まえられたことを認めている上、黒坂は、電車内で犯人と思った男性と捕まえた被告人が同一人であることに何ら疑問を感じていないこと、黒坂が右後ろの男性を犯人と認めてから被告人を捕まえるまでは連続性があること、被告人の背広の色は特徴のあるものであり、犯人も被告人も背が高く（被告人の、当審供述によれば、被告人の身長は一八一・五センチメートルである。）、見間違える可能性は少ないことを併せ考えると、黒坂が犯人と思った男性が被告人であることは明らかである。なお、所論は、黒坂の証言する犯人の服の色が正確には緑味灰色と称される被告人の背広の色と一致しないとして、当初黒坂が犯人と思った人物は被告人と別人の可能性があるというが、黒坂は、電車内で見た犯人の服の色とその直後に捕まえた被告人の背広の色が同じであると認識しているのであり、所論も被告人の背広の色を「茶色っぽいグレー」と表現してもおかしくない事を認めているように、「茶色っぽい」と言う表現が被告人の背広の色と矛盾するものではないから、犯人の服の色に関する黒坂証言は、単なる表現上の問題というべきであって、犯人と被告人の同一性の認定に影響を及ぼすものではない。

3　そこで、黒坂が右後ろの男性を犯人と思った理由について更に検討する。黒坂は「手首付近は見えた。ひじの下くらいから袖口《そでぐち》くらいまで見えた」と証言しているが、他方、尻を触っている犯人の手自体を見ていないことは自認している。

ところで、黒坂の犯人特定に関する供述経過を見ると、本件当日（一〇月一六日）付けの員面調書（原審弁六号証）では、「左後ろにいた男性は両手が見えたので絶対に犯人ではないから、右後ろにいた男性が犯人に間違いない」という消極的理由しか述べられていないのに対し、同月二〇日付けの員面調書（同七号証）では、右に加え、被害当日男性の刑事（一〇月一六日付けの員面調書の作成者ではない。）には話したことであるがと前置きした上で、「尻を触られているのを感じて右後ろを見ると、当日茶色っぽいと表現した一言で言うのが難しい変わった色の上着を着た背の高い男性が、背を向けた状態で立って右腕で触っていた。その後左後方を振り返って左後ろの男性が犯人でないことを確認した後、再度右後方を見て、尻を触っている背の高い男性の腕の部分の服を確認し、犯人であることがはっきりした。当日撮影した被告人の写真に写っている服が犯人が着ていたものである」旨《むね》供述し、その後の員面調書及び検面調書もほぼ同旨の供述内容になっている。一〇月一六日付け員面調書を作成した小池照美は、当審において、同人が黒坂の取調べをする前に保安係の男性が黒坂から事情を聴いていたが、右員面調書を作成し、黒坂を帰した後で、保安係の城﨑巡査部長（一〇月二〇日付け員面調書の作成者）から、犯人の特定について、「腕が見え、被告人の背広の色と同じだった」と言っていたのに、そのことが調書に記載されていないと指摘された旨証言し、右証言と一〇月二〇日付け員面調書の記載からすると、黒坂は、犯人の特定について、犯行当日から犯人と思われる男性の腕を見たこと及びその服の色が被告人の背広と同じであることを述べていたことがうかがわれる。しかし、この種事案において、犯人の特定が極めて重要であることはいうまでもないところであって、比較的経験が浅いとはいえ、小池も、黒坂の取調べまでに一年間くらい痴漢の被害者の取調べを担当し、一〇人前後の被害者を取調べた経験を有するというのであるから、当然のことながら黒坂がどのような理由で被告人を犯人と特定したかという点に留意しながら取調べをしたはずであり、黒坂にもその点を十分確認しているはずであると考えられる。それにもかかわらず、黒坂が小池に対し犯人の腕を見た旨を述べなかったことは、小池自身明白に証言しているところであり、そうすると、右の点は、黒坂にとっては、犯人を特定する上で重要な要素にはなっていなかったのではないかと疑わざるを得ない（なお、当審で取調べた現行犯人逮捕手続書にも、逮捕者である黒坂がどのような状況を現認して被告人を犯人と特定したかの記載はない）。すなわち、黒坂においては、一〇月一六日付け員面調書にあるようないわゆる消去法で被告人を犯人と断定したのではないかと疑われるのである。また、黒坂が見たとき右後ろの男性の腕がどのようになっていたかははっきりしないが、仮にそれが黒坂の尻の方に向かっている状況を見たのであったとしても、被告人は前記のようなかなりの荷物を持っており、特に傘を右手に持っていたとすれば、右腕がやや体側から離れる形になることも十分考えられるのであるから、そのような状況を見た黒坂が、尻を触っているのは右後ろの男性の腕であると誤信した可能性を否定できず、黒坂の認めた状況から直ちに右後ろの男性が尻を触っていたと断定することはできない。結局、黒坂が被告人を犯人と考えた理由のうちの前記②の点は、右後ろの男性（被告人）が犯人である可能性を示すにとどまり、この点のみをもって被告人が犯人であると断定することはできないというべきである。

4　次に、犯人は被告人以外にあり得ないかどうかであるが、当時車内は満員の状態であったから、当然黒坂の真後ろにも乗客がいたと考えられるところ、黒坂は、自分の真後ろにも人はいたと思うが確認していないと証言しているから、黒坂が被告人を犯人と考えた理由のうちの前記①の点も、真後ろの人が犯人である可能性を排斥できず、いまだ被告人が犯人であると断定する根拠としては不十分であることが明らかである。

もっとも、この点に関連して、被告人は、捜査段階から一貫して、千歳烏山駅に停車したとき、乗客に押されて出入り口の反対側の座席方向に移動し、黒坂に背を向けてその右後ろに立つ形になったが、その際、黒坂の真後ろにディパックを背負った女性が黒坂と背中合わせに立っていたと供述しており、右供述を前提とすると、黒坂の真後ろの人は女性であって犯人ではないということになる。そして、左後ろの男性が犯人でないことは明らかであるから、犯人の可能性があるのは被告人のみであるということになりそうである。しかし、被告人の右供述によれば被害者にディパックが当たると思われるにもかかわらず、被害者はこれを認識していない。また、被告人の右供述も、被告人が黒坂の右後ろに位置していたのは、千歳烏山駅以降であるというのであるから、調布駅発車後すぐ尻を触られたという黒坂証言とは必ずしも整合しない上、被告人の右供述を前提に被告人を犯人と認定することは、被告人の供述を全体として弁護のための虚偽の供述であるとしながら、ディパックの女性の点は真実であるとすることになり、恣《し》意的な感を否めない。さらに、前記3で述べたところによれば、黒坂は右後ろの男性の腕を見たことの持つ意味をより重要なもののように誇張して証言している疑いがある上、黒坂は、右後ろの男性の顔を見て眉やまつげの濃い人という印象を持ち、そのことも右後ろの男性と被告人の同一性の根拠になっているとも証言しているが、一〇月一六日付け員面調書では、右後ろの男性の顔は斜め後ろから見ただけではっきりと顔は見ていないと供述していたのであって、証言は明らかに被告人の犯人性を強調する方向で誇張されている。また、黒坂は、尻に触っている指四本の感触が分かったと証言し、さらに、原審弁護人から人差指から小指までの四本が分かったという趣旨かと聞かれてこれを肯定するなど、原審弁護人の尋問に誘発された面もあるものの、臀部《でんぶ》の感覚にそれほどの鋭敏さはないことと矛盾する誇張した証言もしている。このように黒坂証言には重要な点で幾つかの誇張が見られることを考えると、被害を受けたことは認められるものの、黒坂が当初から供述している調布駅から明大前駅までずっと被害を受け続けていたという点についても、誇張がないとは断定できない。他方、被告人が犯人であるとすれば、犯行を否認する一方で、わざわざ犯人を自分に絞り込むことになるような供述をすることは理解に苦しむところであり、被告人において、ディパックの女性がいた時点を勘違いしている可能性がないともいえない。これらの点に加え、本項冒頭に指摘した事情を併せ考えると、ディパックの女性に関する被告人の供述に高い証拠価値を認めて被告人が犯人であることの根拠とするのは相当ではなく、結局、被害者の真後ろにどんな人がいたかは明らかでなく、被告人以外の者が犯人である可能性を否定することはできないというべきである。

五　以上のとおり、原審及び当審で取調べた全証拠によっても、被告人が犯人であると認定するには合理的な疑いをいれる余地があるから、黒坂証言は、具体的で一貫性があり、捜査段階における供述とも矛盾無く、信用できるとして、被告人を犯人と認定した原判決には、判決に影響を及ぼすことが明らかな事実の誤認があり、論旨は理由がある。

よって、刑訴法三九七条一項、三八二条により原判決を破棄し、同法四〇〇条ただし書を適用して被告事件について更に判決する。

本件公訴事実は、「被告人は、平成一〇年一〇月一六日午前八時五分ころから同日午前八時二六分ころまでの間、東京都調布市布田四丁目三二番一号所在京王電鉄株式会社京王線調布駅から同都世田谷区松原二丁目四五番一号所在同線明大前駅に至る間を走行中の電車内において、黒坂愛梨(当時二〇歳)に対し、着衣の上から、手でその臀部及び大腿部付近をなで回すなどし、もって、公共の乗物において、婦女を著しくしゅう恥させ、かつ、婦女に不安を覚えさせるような卑わいな行為をしたものである」というものであるが、前記のとおり、本件公訴事実については犯罪の証明がないことになるから、刑訴法三三六条により被告人に対し無罪の言渡しをすることとし、主文のとおり判決する。

平成一二年七月四日

東京高等裁判所第二刑事部

裁判長裁判官　安廣文夫

裁判官　松尾昭一
裁判官　金谷暁

おわりに

私はとある会社に再就職しました。しかし、その会社がとんでもないところで、すったもんだの末、結局未払いの給料プラス和解金で退職しました。現在は日雇いの建設現場労働者として、家族を支えています。

この歳《とし》になって初めて体験する鉄火場《てっかば》での労働は、それまでの価値観を激変させました。午前四時三〇分起床、午前六時出勤。親方たちは一回り年下、同期はみんな中卒で上の娘と同年齢、全く未知の価値観と不文律がそこにはありました。体中の水分がそっくり入れ替わるかという程の汗。絶えることのない筋肉痛。作業中の失敗が「死」や「身体障害」に繫《つな》がっているという危機感。自分がどうしようもないおぼっちゃんのまま、この歳になったことに気づかされました。

「おまえは、人がせんでもいい苦労をするなあ」

私は、今、大学の恩師の言葉を改めてかみ締めています。

最後に、執筆に当たりご協力いただいた皆さんにこの場を借りてお礼申し上げます。裁判費用を用立ててくれた妻の両親と妹夫妻、弁護士の中西さん、升味《ますみ》さん、後方支援してくれたドアーズの角田さん、ジャーナリストの池上さん、太田出版の高瀬さん、編集の羽田さん、山田社長、バスケットの仲間たち……皆さんどうもありがとうございました。

そして妻と子供たちに以下のことばを送ります。

「一年九ヵ月にわたる公判期間中、心配を掛けて本当にごめんなさい。そして、応援どうもありがとう。あなた達と送る今後の人生で、今回の事件が明るい未来への糧《かて》となり、いつの日か笑い話になるようにがんばります。七月一九日を我が家の復活記念日と制定し、この気持ちをいつまでも忘れません」

＊事件の公表に当たり、一部を仮名にしました。ご理解ください。

文庫版あとがき

早いもので、事件から六年、判決から四年の歳月が流れました。

事件後、私は人間不信に陥り、ひどい時には妻にさえ心を開けなくなってしまいました。そして、それまで自分の中で最も恥ずべき行為と、忌《い》み嫌っていた「保身」を図るようになりました。

自分でも呆《あき》れるほどつまらない嘘《うそ》が口をついてくるのです。とにかくこの嫌な状況から一刻も早く解放されたいという一心が、そうさせてしまいます。正義の発露は、するのもされるのもうんざりでした。

警察と検察の取調べという名のいじめで〝率直〟とか〝素直〟とか〝正直〟という数少ない私の長所は破壊されました。

その結果、プレミアム企画会社、工務店、板金屋、鉄筋圧接、タイル屋、ＰＲ会社と転々としました。その全《すべ》てが気まずい退職でした。本文に登場する再就職した会社とは訴訟になり、PR会社の退社では内容証明が必要でした。「社会的不適合者」自分はそうなってしまったんだ。心情的に全く受け入れる事のできない現実を突きつけられました。

私は妻と弟の勧めで、二〇年反目していた父に頭を下げました。七年ぶりに見る父は予想より遥《はる》かに老《ふ》け込んでいました。

北海道余市にあるキリストの教えを生活実践を通して学ぶ「恵泉塾」で鍛えなおす事を条件に、実家に戻る事を許されました。

四月から無期限での入塾でしたが、いつもの訓練、いつもの修行、ここにいる間模範生であればいいのです。二週間で卒業してやると高を括《くく》っていました。

しかし、思惑は大きく外れる事になりました。四日目の対話で師は「神の愛が全ての問題を解決する」と仰《おつしや》いました。「私は親の愛さえ感受できない人間ですから……」と食い下がったところ、「それは愛じゃなかったんだよ」という答えが返ってきました。今までと同じ、それはお前の未熟さ・わがままゆえという答えを予想していた私の目から、自然に涙がこぼれました。自分は欠陥品ではなかったという安堵《あんど》。両親の叱咤《しった》・鞭撻《べんたつ》に愛情を感じる事ができないという呪縛《じゆばく》から解放された瞬間でした。

それ以降、早朝の学びで聖書を読んでは泣き、家族を思い出しては泣き、懺悔《ざんげ》の涙に暮れました。あまりの苦しさに、惠泉塾の先輩である妹に「こんなに苦しいならキリスト教は御免だ」「受洗は、親分子分の杯と一緒じゃないか」等の愚痴とも、愚問ともつかぬメールを送っていました。その度に「そう言われると弱い」というツボをついた返事をくれました。

丁度一ヵ月経《た》った頃、早朝の聖書の学びの時間でした。その日に限って、師がひどく疲れて見えました。他の塾生は誰も気がつかず、相変わらず自分勝手な解釈を語っています。しかし自分の順番になるまでは発言が許されません。誰か早く一言でいいから師の疲労をねぎらえ。書いてばかりいないで師を見ろ！　誰でも解《わか》るはずだ！　私は、だんだん腹が立ってきました。

その時です。軽労働以外に仕事もせず、ただで食事をし、隣人を愛せというたったひとつの教えさえ実行できず、漫然と毎日を生きる惨《みじ》めな自分たちと、命がけで他人の救済に奔走し、幸せを発散する師が鮮やかに対比されました。

「こんな者ですが、何とか先生の力になりたい！」

涙と鼻水でグシャグシャになりながら、そう宣言していました。

一連の懺悔を通るうちに、事件の関係者も許せるようになりました。許すよりも忘れるというほうが適切かもしれません。満員電車で、揺れた拍子に肩が当たったその時は何だと思うが翌日には忘れている……そんな感じで、事件は矮小化《わいしょう》してしまいました。あの事件がなければ、神に出会うことも無かったでしょう。

私なら、誤認逮捕者も冤罪《えんざい》被害者も励ます事ができるのではないか、この体験によって変えられた私を示すことで、神の存在を伝える、そんな人になれたらと願うばかりです。

平成十六年五月

鈴木健夫

「痴漢事件」は刑事司法ののぞきあな

升味佐江子

「痴漢冤罪《えんざい》事件」の衝撃

鈴木さんの無罪が確定してもう四年になろうとしています。あっという間ですね。こどもたちもそれぞれ進学し、鈴木さんはガテン系職場からまたまた転職してどういうわけか神様を信じるようになりました。まだまだ波瀾の人生が続きそうです。

平成一二年七月に鈴木さんの事件について高等裁判所で一審の有罪判決が取り消され無罪が言い渡された前後、四月から九月までの半年間、東京では報道されただけでも六件の「通勤電車内痴漢事件」の無罪判決が出ました。一審での無罪が三件あったことだけでなく、控訴《こうそ》審での逆転無罪が三件あったことは驚くべきことでした。

無罪判決は一〇〇件の事件に一件あるかどうかという今の刑事事件の状況のもとで立て続けに出た無罪判決はその頻度自体がニュースでした。

それだけではなく、一連の事件は普通のひとが自分の身に起こるかもしれないという現実感をもって刑事事件をみるきっかけになりました。

このころ、毎日満員電車で通勤するサラリーマンにとっては事件はひとごとではなく、「どうしたら痴漢に間違われないか」を多くの人が真剣に考えていましたね。

私の印象では、平成一〇年ころは、そうはいいながらも本当に自分が捕まるとは思っていないひとたちがちょっとした酒の席の話題にしていたのが、鈴木さんの無罪判決の前後には、結構真剣なしらふの話題になったようです。

私は「刑事専門弁護士」ではなく、まして「痴漢専門弁護士」ではありません（！）。それなのに、ほかの民事事件の関係者から、やっていないのに痴漢だと言われたらどうしたらいいんですか、女性の証言だけで逮捕されてしまうんですか、有罪になってしまうのですかと何度も聞かれましたから。答えは決まっていますよね。「やっていないのなら、やっていないといってください」「女性があなたが痴漢に間違いないといえば逮捕されるでしょう」「もちろん起訴されればほとんど有罪になります」……。

すると、彼らはいっせいに、通勤電車での対策を披露してくれました。両手で吊革かポールにつかまる「ばんざい通勤」をしているというひとがあり、三〇分早く家を出て始発駅まで戻って必ず座るというひとがおり、手ではなく性器を押し付けた（露出はしていません。ただ元気になった性器を洋服ごしにです）と言われて一審有罪となったという週刊誌の記事を読み、もう外向きばんざいの姿勢でドアに押しつぶされたカエルのようにはりついているしかないのかと嘆いたひともいました。なんとはなしに、「そのとき」に備えて心の準備をし、黙秘権の存在や弁護士の呼び方（弁護人依頼権）などという憲法や刑事訴訟法上の権利を身近に感じているようでした。

さらに、一連の冤罪が明らかになることで、警察も検察も間違って逮捕・起訴することがあり、裁判官が間違うこともあるのだ、という弁護人にとっては当然でも普通のひとにはなかなか実感してもらえなかったことも、なんとなくわかってもらえるようになりました。しかも、逮捕され、起訴されても、ほんとうはやっていないことがあり、「やっていないのに有罪になってしまったというのも、ありなんだよな」という気持ちが心の奥に生まれているのではないでしょうか。これって、国家の統治の観点からすると怖いことなのですが。

そういうわけで、それ自体としてはつまらない破廉恥《はれんち》事件であるはずの痴漢冤罪事件の続出は、刑事事件は別世界のこと、日本の警察は優秀だし、検察官も裁判官も間違うはずがないんだから、逮捕され起訴される人はやっぱり「犯罪者」なんだという日本の「善良な市民」の良識をゆさぶり、弁護人がずーっと昔から翻弄《ほんろう》されてきた刑事司法全体の問題点を白日の下にさらし、捜査や裁判の改善の図られる機会となってもよかったのですが……。残念ながら、そうはなっていないんですね。

変わらぬ痴漢事件の状況

　これだけ無罪判決が続いたのだから、平成一六年になったいまは以前と変わっているだろう、警察も検察も慎重になって、被害者だという女性の証言だけで逮捕したり起訴したりすることはなくなったでしょ、間違って起訴されたって裁判所は慎重に調べて無罪にしてくれるだろう、と考えている方、いえいえ、事情は変わっていません。

　今も、何人もの鈴木さんは生まれ、「私はやっていない」と叫んでいます。幸運な鈴木さんとは違って、有罪判決が確定し罰金を払ったり懲役刑で服役している人もいます。あなたが満員電車で通うひとなら、やっていない痴漢で逮捕され、有罪になる危険はちっとも減っていないのです。

「痴漢」事件は、犯罪の名前としては、迷惑防止条例違反か強制わいせつ罪です。刑事事件である点で、殺人や窃盗や私文書偽造や贈収賄《ぞうしゅうわい》と変わりはありません。裁判のやり方もほかの刑事事件と変わりはありません。間違った逮捕や冤罪には、他の事件に共通した日本の刑事事件の捜査、刑事司法のかかえる問題がそのまま投影されています。

しかも、本文中にも述べましたが、痴漢事件では「触られた」「触ったのはこの男性で間違いない」という女性の供述以外にこれといった証拠がないのが一般的だ、という特徴が問題を増幅しています。

痴漢事件の場合には、実質的には、被害者だと申告している女性の供述だけによって、「犯人」が逮捕され有罪の認定がされてきています。

どうして、争っているのにたった一人の証言でいいの？　ふつう、世間では言い分が対立しているときはどっちが正しいか他の証拠を探すのではないか、と普通のひとは思いますが、現実は違います。被害があった、この人が犯人だという女性の供述を補強する証拠、たとえば他の目撃者の証言はもちろん要りませんし、衣服に付いた指紋とか直接触ったというのなら爪《つめ》の間の残滓《ざんし》物の鑑定とか、やろうと思えばできる多くの客観的証拠の採集も、そういうものがなくても裁判所に有罪の認定をしてもらえる現状では捜査機関がするわけもありません。

殺人や放火なら事件当時の現場の状況などの客観的証拠が少なくとも何か残っていますし、警察も証拠を集めています。だから、目撃者が「この人が犯人です」と頑強に主張しても、裁判になってからその目撃者の証言を客観的に判断する材料が何がしかあります。裁判所も、まず客観的証拠と照らし合わせて目撃者の証言が信用できるかどうか検討するでしょう。

ところが、痴漢事件の裁判では客観的証拠がほとんどないまま、「やった」と言う女性の供述と「やっていない」と言う男性の供述のどちらを信用するかという争点のたてかたが当然のようになされています。そして、女性の供述は、「羞恥心《しゅうちしん》を押して被害を申告している」「他人である被告人をあえて犯人に仕立て上げるような動機はない」という点で、「真実に近い」という判断の下駄をはじめから履かせてもらい、内容が具体的詳細で自然であって、迫真的であるという理由で信用性を高く評価されることになります。

弁護人の立場からすると、被害者である女性の供述だけで有罪になることも納得できませんが、女性の供述と被告人の供述の二つを並べて比較する手法にも疑問を感じます。問題は女性の供述の信用性であって、それが信用できるかどうかは被告人の供述との比較で決まるものではありません。

そもそも、たいていの痴漢の被害にあっている女性は相当な混雑の中で犯人の犯行自体を「その目でみている」わけではありません。それでも、「触られたのは絶対確か」で、手は見ていないが触れる位置にいたから「絶対この人です」という主観的確信をもっています。だから、供述には怒りも伴い十分に迫力があります。しかし、そのことが供述の内容が客観的に真実であることを保証するわけではありません。微に入り細に入りした具体的詳細な証言が実は全く虚偽だったという前例はいくつもあるのです。たんに臨場感にあふれたディテールの豊富な「いかにもほんとうらしい」供述であることからその内容が真実だと言えるのであれば、良質のミステリー作家の筆力があればいくつもの「真実」を作り出すことができます。「真実らしく見える」ことと「真実である」ことはまったく次元の異なる話なのです。そのことを、裁判所は強いて認めようとしていないように感じることがあります。

それに、人間の心理として、女性の側はいったん「この人が犯人だ」と捜査官に言ってしまい、捜査がその方向に動き出してしまうとこれを自分から否定することは相当に勇気のいることです。警察も検察も女性への取調べで「どうしてこの男を犯人と思ったか」と聴きますから、むしろ、女性の供述は「他の人は触れない位置だった」「触っている位置の上のほうに被告人の腕や肩があった」などなど極めて常識的な理由を付加して「この人が犯人です」という方向にだんだん肉付けされてきます。このような供述者の心理に注意を払わねばならないことは以前から裁判官の著作でも指摘されていたのですが、現実の痴漢事件の裁判ではあまりかえりみられていません。

また、犯人と言われた男性は、ほんとうにやっていないのに、突然みんなが見ているところで「あんた、痴漢でしょ」などと大声で糾弾されたことにびっくりしたり、何度かの取調べの際に記憶が混乱して、あとからみると多少不合理な弁解を口にすることがあります。裁判になると、被告人のこのような記憶違いや矛盾は些細《ささい》なものであっても徹底的に糾弾されます。しかし、女性の供述の矛盾や不合理さは反対尋問や他の証拠から明らかになっても、些細な記憶違いにすぎない、気の毒に被害を受けたことで動揺していたためにちょっと混乱しただけだと温かくフォローされ、「全体として一貫しており信用性に問題はない」と判断されるのです。男性は完全無欠であることを求められ、人間としての弱さはまったく考慮されず、女性は常に温かく許してやらばならないか弱い存在なのですね。

このようなもろもろの事情から、被害を申告する女性の供述によって「ベルトコンベア」は動き出し、これを止める手立てのないまま、「冤罪だ、冤罪だ」と叫ぶ男性を乗せたまま、当然のように有罪判決に行き着くという構図が出来上がっています。

犯行が可能なら被告人は犯人なのか

さらに、最近の被告人の冤罪だという主張を排斥した判決には、女性のいう被告人の犯行がなかなか難しくいかにも不自然であっても、そのことに眼をつむり、犯行の「可能性」があったことから被告人が犯人だと簡単に認めてしまうものがあります。

たとえば、女性の主張するような犯行は、両者の位置関係を前提にすると関節の動く角度や方向からして肉体的に到底実行できないことを被告人が立証できたとします。被告人の肩や腕、手首や指の関節がタコのように柔らかいか脱臼《だっきゅう》でもしていなければ、女性のいうように触るのは難しいというわけです。これなら無罪になるのではないかと期待します。しかし、それでもなりません。裁判所は、被告人からみるとそれはないでしょうという論法を出してきます。前提となっている両者の位置関係や接触角度、電車の混み具合の認定を変えてしまうのです。そして、両者の言う位置関係であれば女性の言う犯行は難しいかもしれないが、「電車の中では立ち位置や接触の角度は変わるのだから、女性や被告人の言う位置関係が絶対のものではない」といって「こういう格好なら触れる」という仮説をわざわざ判示してくれます。それも、満員電車でそんな格好で痴漢していたらまわりにバレバレでしょ、とか、そんな中途半端な姿勢で一〇分も痴漢していたら太腿《ふともも》の筋肉がプルプルしてきませんかね、裁判官、その姿勢で何分立っていられました？　というような内容の仮定だったりするのです。

このような論法が許されるのなら、触っていない男性が正直に「ラッシュのために女性の隣にくっつく格好で立っていたのは間違いありません」と認めた段階で、自分には手がないから触れませんとでも言って犯行があらゆる状況で絶対不可能だとの証明をしないかぎり無罪にならないことになります。

これでは被告人に無罪の証明をしろというに等しく、刑事訴訟法の大原則に反すると思いませんか。法律の問題としてではなく、世の中のふつうの議論・論争のやり方からみてもおかしいですよね。検察官も弁護人も一致して議論の前提として認めてこれを土台に主張立証を進めている前提をちゃぶ台をひっくりかえすように変更して有罪にしてしまうわけです。アンフェアですよね。でも、裁判所はこのような事実認定の方法をとっても、「被告人に不可能の証明を求めているものではなく、弁護人の非難はあたらない」といいます。弁護人としては、もうやってらんないもんね、という気分になります。

冤罪は深く静かに潜行しています……任意の虚偽自白の誘発

そういうわけで、痴漢事件の悲惨な状況は変わっていません。否認したまま起訴され有罪になれば、条例違反なら額はともかくお金ですみますが、下着に手を入れた、性器周辺を触ったという強制わいせつなら、前科前歴が何もなく三〇年のサラリーマン生活に何の問題もなかったという「初犯」でも直ちに実刑、執行猶予《ゆうよ》はつかず刑務所に一年半くらい行くことになります。

だから、弁護人は痴漢事件の弁護依頼の電話を受けて接見に行くとき、依頼者がやっていないといったらどうしようと内心びくつきます。その後の苦難が想像できるからです。

接見して、「面目ない。やったんです、示談をお願いします」と言われてほっとした、という先輩友人が何人もいます。冤罪を主張したけれど、とうとう最高裁でも有罪になってしまった事件を一緒に担当した友人は、その後、強制わいせつで逮捕されたけれども「やりました」と依頼者が認めた事件を受任しました。被害者と示談して告訴を取り下げてもらい裁判もなくわずか二日で仕事が終わり「ほんとにやってる事件はラクだねえ」としみじみと語っていました。でも、これはおかしいですよねえ。

ベテラン裁判官から転じられた秋山賢三弁護士と刑事弁護のベテラン佐藤義博弁護士が書かれたもののなかに、こんな一節があります。
「痴漢行為は、条例違反なら原則として罰金だし、強制わいせつ事案ならば親告罪であるから、真犯人であれば自分のしたことを認めて早期に示談をし、不起訴に持ち込む方が『得』だと誰でも考える事案である。つまり、『起訴されてまで否認を通す』のは、まことに『割りに合わない』行為なのである。まして、昨今のように『否認すれば初犯でも実刑』という恐るべき裁判が横行しているとき、痴漢の真犯人が『狂言』的に無実を叫んで、弁護士を選任して痴漢裁判を闘うわけもない。痴漢を理由に起訴され、否認して争っている被告人は、概して前科・前歴がなく、きちんとした勤務先でまじめに働いているものがほとんどである。彼らは、やっていない痴漢行為を認めることがプライドにかけて許せず、正しい裁判を求めているのだ」（「痴漢裁判における冤罪の構図」『自由と正義』Vol.53　四三頁）
まさにそのとおり。否認して争うひとは共通して「私はやっていないんです。やっていないものを認めるわけにはいきません。名誉とプライドの問題です」といいます。そして、「裁判所で調べてもらえばわかります。だってやっていないんだから」という無邪気な裁判への信頼を語るまっとうで善良な市民が大多数です。

鈴木さんのケースでは裁判所は「真犯人ならさっさと認めて示談するだろうに、わずか五万円の罰金のために職も失いお金もかけて真剣に争った」という事情を、無罪と判断する傍証のひとつに上げています。

でも、多くの有罪判決はそんなことは全く考えてくれていません。職も失い経済的精神的苦痛に耐えて、争って、争って、結局有罪になり、プライドも失って刑務所に行かざるを得ない人も少なくないのが現状でしょう。

では、弁護人は、「私はやっていない。否認する」と依頼者が言うとき、一体どうしたらよいのでしょう。正義の観点からは「やっていないならやっていないといってください」「争って真実を明らかにしましょう」というべきでしょう。でも、その結果、身柄拘束が一〇〇日を越えて職を失う可能性が高いうえ、そのほかにも本人と家族に有形無形のあれこれの苦痛がのしかかること、さらに、どんなに本人が頑張って家族も応援しても有罪になってしまう可能性が高いことを考えると、弁護人の対応はほんとうにこれでいいのかと悩みます。かといって、否認することで生じる暗い見通しと苦労ばかりを強調すると、弁護人自身が虚偽の自白を誘導する結果になりかねません。

鈴木さんのようなケースでは、災難と思って黙って罰金を払う人は以前からかなりいました。最近は、元被告人の無罪になるまでの苦労が大きく取り上げられてみんなが否認すると大変であることをなんとなく知っているせいか、強制わいせつ事案でも、「やっていないけれど、仕方ありません。やったことにして示談してください」というひともかなりいるように思います。このようなケースは表向き「冤罪」にはなりません。本人が有罪を認め、争っていませんし、示談して告訴を取り下げてもらうので裁判すらないからです。こういう不正義の横行は、そのうち日本の刑事司法への信頼を内側から崩壊させると危惧《きぐ》します。でも、弁護士にはありふれた現実なのです。

身柄を拘束されたまま無罪を主張し続けることの負担がどれほどのもので、そのことがどれだけ潜在的な「冤罪」を生んでいるか、本当は裁判官に一番にわかってもらいたいのですが、ベテランの刑事裁判官でも、退職して弁護士になりその切実な現実を初めて知るのです。たとえば、高裁判事もなさった藤野豊弁護士は、満員電車で女子高生の胸に触れたといわれた青年が、痴漢で逮捕・勾留されたことを勤務先に知られたくない一心で、早く釈放されるためにうその自白をした事件など当番弁護士として担当した二件をとりあげて、次のように述べておられます。

「私が当番弁護士として二件も冤罪事件にめぐり合わせたのは、偶然とは思われず、冤罪事件は、ふつう考えられているよりも多いのではないだろうか。ここでは死刑か無罪かという深刻な事件ではなくて、執行猶予か罰金の事件で終わりそうだが、社会生活上長期の未決勾留にたえられないという悩みのうえの選択である。

この種の事件では、公判裁判官が虚偽の自白を見抜くことはできない。裁判官にお願いしたいのは、保釈制度、接見禁止制度の昨今のいびつな運用が、結果として公判における『任意の虚偽の自白』を誘発していることに思いを致してもらいたいことである。」（「刑事裁判に対する失望と希望」『自由と正義』Vol.54 五頁）

現役の裁判官が、無罪主張の困難さ、その困難さや身柄拘束の重圧の中で虚偽自白をする依頼者を止めきれない現実、それを身近に見る弁護人の無念さを一度でいいから体験していれば、事実認定の仕方も法廷での裁判の進め方もずいぶん変わってくるのではないかと思います。

刑事弁護は「インティファーダ」？

やってない犯罪で捕まっても弁護人が活躍して、最後に真相は明らかになり裁判では無罪になるでしょ、ほら、ドラマや小説にあるじゃないですか、それに、なんていったって日本の裁判官は優秀だし公平だし、結局は真実が勝って無罪になりますよね、という方がいますよね。

でも、それは幻想です。捕まって自分はやっていないと主張している人たちが、無邪気に裁判が真実を発見し自分は無罪になると信じていることが多いですね。他の人は別として、自分のケースは裁判官が見ればやってないとすぐにわかりますよ、と自信満々だったりします。

たしかに日本の裁判官は潔癖症です。予断や偏見から自由であらねばならない、公正らしくありたいという強い意思も感じます。自分は無罪だと思うけれど、圧力がかかって有罪にするなんてことはないですね、ないと私は断言したい。その裁判官像自体が幻想だ、と友人はいいますが、そうでなければこの世は闇《やみ》です。

裁判官が自覚している「冤罪」は論外として、問題は、自分はちゃんとした裁判をしている、適切な事実認定をしていると主観的には確信しながら、冤罪が生まれてしまっていると思われる制度的な背景です。そのことを書きたいと思います。

大部分の善良な市民が刑事裁判について持つ幻想の最たるものは、刑事事件の捜査から公判まで、被疑者被告人弁護人が捜査側と対等だという点でしょう。一つの事件の真犯人を追って弁護人が調査員を連れて全国を駆け回り、ついに警察を出し抜いて真犯人を発見し無罪判決を勝ち取る……検察側証人の反対尋問の最後に弁護人が突然秘密兵器のように物証を取り出して証人につきつけ、証言の信用性が根幹からひっくりかえる……なんていうことはありえません。

現実の無罪を主張する刑事裁判では、弁護人の活動は、有罪方向に天秤《てんびん》の皿が傾きった戦況の下で、戦車や武装ヘリコプターの攻撃に投石で応戦しているインティファーダの趣です。しかも裁判官が、パレスチナ紛争で言えばブッシュかアナンかという違いがあるのです。考えただけで戦意を喪失しませんか。

攻守対等の幻想……弁護側には金も力もありません

訴追側は、まず、物量と権限において圧倒的な力をもっています。

事件が起これば、警察が動きます。現場を保存し、実況見分し、調書をつくります。足で稼ぐ捜査には何人もの警察官が張り付きます。科学的な鑑定の手段もあるし、外部の鑑定人に依頼する予算もあります。事件を送致された検察官は、自前の捜査の人手はそうはありませんが、必要なら警察に補充捜査を求めることができます。鑑定などを依頼する費用も自分が現場に出かける費用もみんな国から出ます。

それに何といっても、最大の武器、強制捜査権があります。関係者を逮捕して取調べることができるのはもちろん、関係先をがさ入れ、捜索し必要なものを差し押さえることもできます。そこまでいかなくても捜査に必要であれば、戸籍や住民票、公共料金の納付状況の入手はもちろん、銀行の預金残高、取引先の帳簿なども、強制捜査権をちらつかせてすぐに出してもらえます、しかもただで。そして、捜査を尽くして被告人を起訴し、裁判が始まります。

これに対して、被告人を防御する弁護人は、まず、初動の段階で出遅れています。せいぜい、被告人に捜査の手が伸びてきたというあたりから事件を知ります。起訴されるまで訴追側が持っている証拠に触れることもできません。何があるかもわかりません。しかも、裁判が始まっても、訴追側が蓄積した全ての証拠に触れることはできません。検察官は有罪の認定に必要な証拠のみを裁判所に提出するために弁護人に開示するのです。弁護人がいろいろ想像して「こういう捜査をしているはずだから、それも見せてくれ」と要求しても簡単には応じません。裁判が始まってから開示請求をして、裁判所も確かにこれはいるなと思ってくれれば見せてもらえます。これも、請求を認めてくれるかどうかは裁判所によります。何が訴追側の手の中にあるかわからないわけですから、見方によっては「被告人の有罪に合理的疑いを入れる証拠」つまり無罪に結びつく証拠があっても知らないまま過ぎてしまうこともあるかもしれません。痴漢事件なら、たとえば女性の服の指紋を採取したが女性が触られたというおしりのあたりに被告人の指紋はなかったという報告書とか、近くの乗客が騒ぎに気づき「被告人は触っていないと思う、女性の誤解と思う」と申告したという駅員の報告とか……。もっと大きな事件なら、確かに現場から立ち去る被告人を見たという証人が検察官から証人請求されているが、もう一方で立ち去った男はいたが自分の知っている被告人とは違うと思うという目撃者の調書もあったとしても、弁護人にはわからないままになります。

また、弁護人は一件の刑事事件の専従者ではありません。自営業で四〇件、五〇件の民事中心の事件を抱え、それでも自分が動く以外に事件を調べる手立てもありません。被告人の話を聴くのも、現場に行くのも、写真を撮るのも、再現を計画し実施するのも、鑑定人を探しお願いするのも弁護人です。そして、そういう仕事にかかる費用は被告人の負担です。でも、お金がないからといって満足のいく弁護ができないのは弁護人にとってもとてもつらいので、しばしばあてのない立替払いをして弁護活動をすることになります。それでも、国家の財布に一個人で対抗することは当然できませんよね。

加えて、弁護人には強制捜査権はありません。相手にはお願いして資料を出していただき、回答していただくしかありません。もちろん費用も払わなくてはいけません。たとえば、被告人が執拗《しつよう》に触ったといわれている服や着衣があり、ほんとうなら指紋が出るはずだから鑑定をしたいと思っても、やっていないと言っていると、捜査側が被害者の住所を教えてくれないことが多く、どこにあるかわからない。わかっても女性にいやだと言われたら差し押えて無理矢理取って来ることはできません。裁判所に証拠保全のややこしい手続きをしてもやってもらえるかどうか……。関係者の出入国記録、公共料金支払状況なども、ただ聞いただけでは教えてもらえず、一件八五五〇円もかけて弁護士会を通じて官庁や会社に問合せをします。しかも、回答を強制できませんから八五五〇円かけて空振りのこともたいへん多くあります。

つまり、弁護人側は、権限でも物量でも、人も時間も金も、はじめから圧倒的に不利な立場にあるのです。

裁判官と検察官はおともだち？

法律上の問題だけではありません。実際の刑事裁判は、たとえば、××地方裁判所刑事○○部が担当しますが、この○○部の担当する刑事裁判を担当するのは××地方検察庁の公判部○○検事室と対応関係がはっきりしています。つまり、開廷日（裁判の開かれる日）はほぼ一日中事件ごとに被告人は変わっても同じ裁判官と同じ検察官で次々と裁判は進みます。法廷外でもたくさんの事件の打ち合わせと称して、検察官はしばしば裁判官のところに足を運び、事件の問題点を共有する機会があります。人間として当然の親しみが生じますよね。また、それ以前に、裁判官と検察官は司法を担《にな》う官僚としての同じ価値観を共有できる背景をもっています。

これに対して、弁護人は多くの場合、受任する刑事事件数は少なく、同じ裁判官と法廷で顔を合わせることはそうはないうえ、裁判官の目の前に登場する被告人の大部分は自白した「犯罪人」で弁護人の影は薄いし、弁護人から裁判官に面会を求める事案はほとんどありません。弁護人からお会いしたいと連絡しても「どうして、必要なのか、法廷で伺うから結構です」と木で鼻をくくったような返答のこともありました。

このような状態で、意識的であるかどうかは別として、裁判官は警察や起訴した検察官の判断をとりあえず正しいと考え、被告人の無罪の主張を軽視して、結局のところ、無罪のはっきりした証拠がなければ当然有罪だ、という判断の姿勢になってもおかしくはありません。弁護人も被告人も、法廷では裁判官と検察官の間に流れる空気、目配せ、声のトーン、そのすべてを息を殺して観察しています。被告人の弁解を揶揄《やゆ》するような質問、その後の検察官へのちょっとした視線の移動、言葉にはならない雰囲気を感じ取って、被告人は弁護人に言います。「だめですね、全然信じる気がないもの。裁判官と検察官はともだちなんですね」。弁護人には答える言葉がありません。自分もそう思っているのですから。

弁護士になったばかりのころには、気のせいだと思っていました。でも、高名な刑事裁判官で後に研究者となられた渡部保夫教授の本に「裁判官の『考え方・態度』に影響する諸要因」のひとつとして「検察・警察に対する漠然とした仲間意識」をあげる次の一節を見つけて、なんだやっぱり、と変な納得をしたのです（なお、この部分はまったくの枝葉です。この本にはほかのところにもっと的確なたくさんの指摘があります）。

「2　検察・警察に対する漠然とした仲間意識が、裁判官の証拠の評価に無意識的な影響を及ぼすことがありえよう。

(1)　漠然とした仲間意識の存在を示すものとしては、次の事象を指摘することができよう。自白の任意性を否定する判断の少ないこと、否定する場合にも婉曲《えんきょく》な表現の判示が多いこと、警察官の違法行為を理由とする国家賠償額の概して驚くべき小額の認定、勾留場所の指定について代用監獄の容認の傾向、さまざまの形態の判検交流、ともに司法の一翼を担うとの意識など。……」
(渡部保夫「職業裁判官と事実認定」『無罪の発見』四一四頁)

裁判は裁判官で決まります……裁判員制度に希望はあるか

刑事裁判で、判決を書くのはもちろん裁判官です。検察官や弁護人がそれぞれの立場でどんなに頑張っても、結局は裁判官しか結論を決める人はいません。裁判官にもその点の強烈な自負を感じることがあります。ですから、刑事裁判の質は、裁判官の人間性、能力によって相当の幅で変容するのです。

前に紹介した渡部保夫教授は、誤判の背景となる、意志的・感情的な要素として裁判官の予断と偏見、知的・認識的要素として裁判官の人間知・世間知の不足、証拠に対する洞察の不足、自己の洞察力の過信を挙げておられます。裁判官の出身であるためにかえって裁判官に求められるものが高くなっているようにも感じますが、弁護人は深くうなずいてしまいます。

裁判官は職業柄保守的・権威的になりがちで、あまりに立派であるために、「犯罪の嫌疑を受けてひたすら狼狽《ろうばい》し自分の状況を正確に表現できない小心な市民」の側に立って事実を見ることは意識しなければとても難しいでしょう。超多忙のために、雑学や文学に耽溺《たんでき》することも難しいかもしれません。心理学や文学、高尚な文学でなくていいですから山本周五郎や池波正太郎や藤沢周平や平岩弓枝や宮部みゆきや北原亞以子、澤田ふじ子、どっちかというと貧しくて、どたばたしていてあんまり整った人生を歩まない人たちの物語を読んでくれたらなあ、と思うことがあります。馬鹿《ばか》にされてしまうかな……。

逆に言えば、裁判官が「刑事裁判においては、有罪方向の証拠はしばしば誇張された形で存在することが多く、その反面、無罪方向の証拠はいろいろな証拠の影に隠れて存在することが多いこと、そのため、事件担当者が通常の態度で接するならば、つい誤った有罪方向の心証を形成してしまいやすいこと、したがって探索的な態度で無罪の発見に努める必要があること、各種の証拠に特有な誤謬《ごびゅう》可能性に注意しながら、いろいろな方面における状況証拠を観察することに努力するならば、多くの場合、おぼろげながら真相がどの辺りにあるかを把握することができるであろうこと、しかし、人間の洞察力には限りがあること、関係者の努力にもかかわらずすべての証拠が法廷に現れたり又は全ての証拠の欠陥が法廷で暴露されるとは限らないこと、したがって、確実な証拠がない限り、『疑わしきは被告人の利益に』の原則に忠実な態度をとる必要があること」（渡部保夫『無罪の発見』あとがき）を十分理解して事件に臨んでくだされば、状況は劇的に変化するでしょう。

私は友人たちに甘い甘いと言われながら、幸運にも無罪判決をもらえたこともあって、まだ、そういう職業裁判官の可能性に結構な期待をもっているのです。しかし、「もうだめだよ今の職業裁判官制度は」という先輩も多く、話題となっている「裁判員制度」に大きな期待をかけています。いろんな人が人間知、世間知を持ち寄り、毎日うんざりするような刑事裁判を処理するマンネリに毒されずに、被告人、弁護人の言い分にも十分耳を傾ける裁判になれば、現在の刑事裁判の問題点の少なくともいくつかは改善されるのではないかという期待です。

確かに弁護人には「絶望的な裁判所」というものがあります。裁判長が一度も無罪判決を書いたことがないことを誇らしげに語る部もあり、「○○裁判官にあたってるんだけど、どう？」と友人に聞くと「ああ、おかっぴき○○ね、あきらめな」と言われることもあります。市民の参加がそういう裁判官の意識に衝撃を与えて、硬直した審理の壁に風穴はあくかもしれません。しかし、弁護人に検察官の持っている全ての証拠を見る権利もなく、「紙に書かれた証拠」が膨大に検察官から提出され裁判の行方を左右する手続が改善されないのに、何の法的技術の訓練も受けていない裁判員にどうやって充実した審理ができるのか、ひいては被告人の立場で本当に利益になる制度になっているのかとても不安に思っています。

裁判員制度については、世間では裁判員になると負担がたいへんだ、と言うことばかりが問題にされていますが、それはたいしたことではありません。ここだけの話、候補になっても絶対に裁判員にならない簡単な方法はあります。そんなことより、どうしてみんな、裁く側になる心配ばかりするのでしょう。

裁かれる側になることを想像してください。あなたが世情を騒がせ、散々ワイドショーのネタになった連続殺人事件の犯人として起訴され、有罪なら死刑になる可能性が高い、というときに、今予定されている裁判員制度の下で裁判を受けたいと思いますか。裁判員がどんな人か、あなたにはわかりません。職業もさまざま、義務教育は受けているけれど、ほんとうのところどの程度の社会的訓練を受けている人なのかはよくわかりません。すでに、テレビや新聞をみてあなたが犯人に間違いないと内心は思っているかもしれないし、そう思う自分の思考を自制して証拠を見なくてはいけないという自覚があるかどうかもわかりません。アメリカと違って、裁判員ではなく裁判官だけの裁判を受けたいと希望することはできないし、裁判員候補に弁護側が直接質問して、予断と偏見のない人を選択する権利もありません。そして、裁判員のために審理は短い期間に集中する方法をとります。裁判官、検察官はいいでしょう。それが仕事ですから。弁護人はどうするんですか。他の事件を放ってその事件に集中することは多くの場合不可能です。補充捜査の必要が生じたとき、検察官は手足も権力もありますから対応できるかもしれませんが、人も金も時間もない被告人はどうしたらいいのでしょうか。そうでなくても劣勢の弁護側はまたハンディを負うことになります。他の改革と同様、この改革もはじめの話とずいぶん違ってきています。私には、今想定されている制度のもとで、被告人の利益を十分擁護し冤罪を防ぐことができるようになるとは到底思えません。

二〇〇九年から実施されるとのことですから、裁判員になられる方がおられたら、どうかこの鈴木さんを思い出して、壇の上から糾弾するのではなく、被告人の側に寄り添って証拠を検討し、事実をみてください。心してそのようにしてちょうどよいぐらい、刑事裁判の天秤《てんびん》は、有罪の方向に傾きがちなのです。

この本は、三年前に単行本になっていました。今になるとあれこれこまごま手を入れたいところもありますが、これはこれでその時の記録だと考えて最低限の補充にとどめました。ぐちゅぐちゅと取り留めのない憤懣《ふんまん》と愚痴を受け止めて本にしてくださ